As coisas mais legais do mundo

KAROL PINHEIRO

4ª edição
Rio de Janeiro-RJ / Campinas-SP, 2016

VERUS
EDITORA

Karolina Pinheiro © 2016
Verus Editora © 2016

Editora executiva *a chefona!!*
Raïssa Castro

Edição
Thiago Mlaker

Coordenação editorial
Ana Paula Gomes

Preparação
Lígia Alves

Revisão
Raquel de Sena Rodrigues Tersi

Direção de arte e projeto gráfico
Mariana Nóbrega *também conhecida como Maqui!*

Fotos
Thiago Justo

Ilustrações
Kênia Lopes

Arte-finalização
André S. Tavares da Silva

Direitos reservados em língua portuguesa, no Brasil, por Verus Editora. Nenhuma parte desta obra pode ser reproduzida ou transmitida por qualquer forma e/ou quaisquer meios (eletrônico ou mecânico, incluindo fotocópia e gravação) ou arquivada em qualquer sistema ou banco de dados sem permissão escrita da editora.

Verus Editora Ltda.
Rua Benedicto Aristides Ribeiro, 41,
Jd. Santa Genebra II,
Campinas/SP, 13084-753
Fone/Fax: (19) 3249-0001
www.veruseditora.com.br

ISBN: 978-85-7686-476-9

P72c

Pinheiro, Karol
   As coisas mais legais do mundo / Karol Pinheiro ; [ilustração Kênia Lopes, Mariana Nóbrega]. - 4. ed. - Campinas, SP : Verus, 2016.
   il. ; 23 cm.

   ISBN 978-85-7686-476-9

   1. Crônica brasileira. I. Lopes, Kênia. II. Nóbrega, Mariana. III. Título.

16-32613   CDD: 869.8
                            CDU: 821.134.3(81)-3

Revisado conforme o novo acordo ortográfico

Impressão e acabamento: Prol Gráfica

*Dedico este livro a você que está
lendo estas letras agora. Obrigada!*

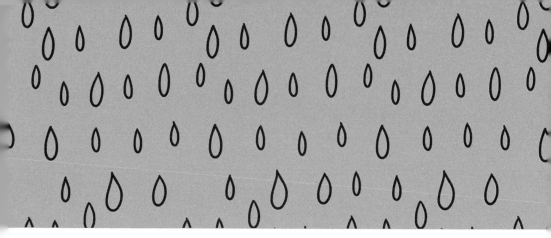

Conheci a Karol quando a gente trabalhava na *Capricho*, e sempre nos demos bem. **ALIÁS, COMO NÃO SE DAR BEM COM A KAROL?** É o tipo da garota sorridente, de bem com a vida, leve. Como eu, ela sempre dava a impressão de que, por mais que o tempo passe e as experiências nos marquem, é preciso resguardar, aqui dentro, uma dose de inocência. Há pessoas que vão se despedindo da criança que foram à medida que crescem; há aquelas que se distanciam tanto de suas versões pequeninas que parecem nunca ter sido crianças. Karol sabe que manter certa singeleza no modo de encarar as coisas, retendo aquele encantamento teimoso de quem se propõe a encontrar beleza, mínima que seja, para onde quer que se olhe, é saber crescer. E essa sabedoria é um aprendizado que transborda nos textos deste livro.

ELA NÃO É MAIS A KAROL QUE CONHECI NA CAPRICHO. Aqui, ela conta como aprendeu que ficar sozinha não é motivo para se sentir mal, que dias nublados podem ser bons para aceitarmos a nossa parte melancólica – e que eles passam, como todo o resto –, que as marcas de expressão aparecem e que não saber como a vida termina não precisa ser um problema. Mas ela também resgata o susto alegre do primeiro beijo, o conselho que recebeu do pai quando era pequena e nunca esqueceu, as expectativas que tinha em relação à vida de adulta. E lembra que, não importa a fase da vida, é uma delícia fazer as malas, valorizar a família, os amores e os amigos, sonhar. E que é imprescindível acreditar em si mesma: por mais

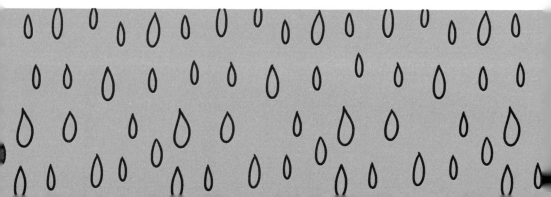

que a gente nem sempre goste do que vê no espelho, por mais que as coisas nem sempre saiam do jeito que a gente espera e por mais que crescer nem sempre seja fácil. **É PRECISO ACREDITAR EM SI MESMA. SEMPRE.**

E não abandonar nossa parte romântica, nossa curiosidade, nossa alegria, nosso gosto por um delicioso sorvete no fim da tarde, por uma conversa com as amigas e até por mudar de ideia e fazer algo que a gente não se imaginava fazendo. Afinal, estamos sempre em movimento.

Mas que, nessa andança, a gente nunca abandone nossa criança interior. Como Karol nos lembra a cada texto que você vai ler agora, cada um ao seu modo. Então deixe de lado qualquer sobrancelha franzida, qualquer posição desconfortável ou bebida que não esteja gostosa ou doce o suficiente. Acomode-se do jeito que você gosta e prepare-se para resgatar memórias de infância, refletir sobre coisas grandes, como o futuro, e também coisas simples, como o significado das cores de um batom e os cheiros de comida de vó e de abraços bem dados. **O QUE IMPORTA É BOTAR UM SORRISO NO ROSTO, AINDA QUE SEJA SÓ PARA VOCÊ.** E aceitar você mesma e a vida, com seus acontecimentos de todas as espessuras, facetas, tons e tamanhos... E sair inspirada depois da leitura para experimentar cada linha da sua existência.

Liliane Prata

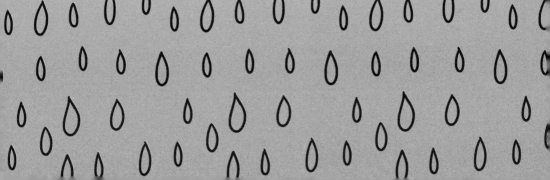

Início

Todas as possibilidades do mundo. É assim para a mãe que vê o rostinho do bebê depois de nove meses, para a garota que experimenta uma nova paixão, para o autor que começa a escrever um livro. O nada se transforma em algo e, magicamente, o começo faz a gente se esquecer do fim. Da vida, do amor, do texto.

Nós somos donos das nossas histórias. Literalmente ou não, nós fazemos os nossos dias. Gosto de sentir que, ao abrir os olhos toda manhã, encaro um espaço em branco pronto para ser preenchido. Levanto sem demora e começo a desenrolar o enredo daquele capítulo. Sou eu quem cria as oportunidades, e é o destino que se encarrega de me surpreender. Os diálogos, os personagens, os cenários... Planejo tudo, como quem está preparado para qualquer coisa. Ao chegar ao meio do dia, resolvo improvisar. Deixo acontecer sem precisar me preocupar muito e uso uma frase de efeito boba para o improviso fazer sentido: "O que tiver que ser será." E é!

Antes de fechar os olhos, quando a luz deixa de entrar pela janela, entendo que será preciso mais da minha imaginação. O futuro exige algo que criatividade nenhuma me permitiria sonhar, e eu descubro que nenhum tipo de controle funciona.

A vida é o livro que a gente não escreve!

melhor conselho

✴ SUA VEZ

Escreva cinco palavras ou nomes de pessoas que te ajudam a superar o medo de começar uma coisa nova.

1. ....
2. ....
3. ....
4. ....
5. ....

Você

E então você para e se pergunta se está mesmo morando dentro do corpo que sempre sonhou. Alta demais, branca demais, baixa demais, gorda demais... A verdade?! É por trás desse esconderijo que fica o que realmente importa. Aquilo que, embora não seja possível enxergar, se faz presente e te faz presente no mundo.

Gostar do que você reflete é só uma consequência de estar bem por dentro. Não somos aquilo que os outros veem; somos o que sentimos. Se alguém disser o contrário, estará mentindo.

O sorriso não é tão largo quando não há felicidade. Algumas calças não vestem tão bem quando não se está feliz com o que se come. **O CABELO NÃO BRILHA TANTO SE A CABEÇA ESTÁ CHEIA DE IDEIAS RUINS.**

Ok, é válido escolher o melhor look, o melhor ângulo, a melhor luz. Ainda assim, ainda que tudo esteja exatamente como o mundo acha que deveria estar, são os seus sonhos, experiências, medos, pensamentos, dores e amores que contam.

Maquiagem nenhuma seria capaz de mudar tudo isso.

✳ TENTE!

Que tal fazer uma declaração de amor para você mesma? Valendo!

....
....
....
....
....
....

Nós

Bem baixinho, quase como se não quisesse ser ouvido, ele falou. Tentou evitar, achou que não aconteceria, mas, quando se deu conta, era tarde demais pra voltar atrás. Estava feito.

Eu.
Já fazia tempo que não se sentia assim. O coração havia sido esquecido, e qualquer chance de preenchê-lo era brevemente descartada. Ninguém entrava, ninguém saía. Viver sozinho parecia confortável; não precisar dividir, mais ainda. Estar bem significava ser dono de cada segundo, minuto e hora da própria vida. Sim, é verdade. No passado as coisas foram diferentes. Ele gostou, tentou, gostou de novo, tentou mais uma vez e desistiu. Sentir não era para ele.

Te.
Uma explosão de emoções. Rápidas, certeiras e, na maioria das vezes, impensadas. Ela achou ter perdido parte do poder de se apaixonar no caminho. Mas estava errada. O que faltava era aquele abraço acolhedor, aquela voz calma, aquele olhar carente. Resolveu respirar fundo e compartilhar o que tinha de mais precioso: a fé no coração dele.

Amo.
Daquele tipo que não precisa de esforço para acontecer. A vontade de estar junto supera qualquer medo, e, sem que nenhum dos dois perceba, eles agora são nós. Entrelaçados.

Ela gostou de ouvir. Resolveu guardar o momento no silêncio e esperar outra hora para dizer o mesmo. Queria ter a chance de viver de novo aquela sensação, mas do jeito dela, dito em alto e bom som.

Largue este livro agora mesmo e diga "eu te amo" para alguém! <3

feliz

NINGUÉM PRECISA SER UMA COISA O TEMPO TODO. Aproveitar instantes de felicidade é bom para valorizarmos ainda mais quando a tristeza bater. Curtir aquele dia em que tudo deu certo é valioso para lamentar menos quando der errado. Sentir-se bonito é ótimo para ignorar a sensação ruim de quando o reflexo não está conforme o esperado.

QUANDO PERCEBEMOS QUE A VIDA É FEITA DE ALTOS E BAIXOS, FICA BEM MAIS SABOROSO EXISTIR. É como se cada segundo estivesse ali para fazer sentido num todo.

Quem mais ganha com isso? Os pacientes. Aqueles que sabem sobreviver ao que nenhum bom perfil de Instagram exibiria, sabem também apreciar os momentos que renderiam bons cliques.

✱ DRAW MY LIFE

Use o espaço em branco para desenhar a foto que você gostaria de postar agora mesmo no seu Instagram!

Espelho, espelho meu...

Não tem a ver com estar bonita ou confiante. É mais o lance de poder ser quem você quiser. A cor, a textura, o acabamento... Escolher como o reflexo deve parecer e acreditar no que ele mostra antes de qualquer outra coisa no mundo. Só quem tem um batom na mão, prestes a ser usado, sabe como é isso.

Vermelho: Para os dias em que nada mais adianta.
Nude: Para quando você se basta.
Roxo: Para se esconder e se mostrar.
Vinho: Para momentos em que até o vermelho precisa ser mais profundo.
Pink: Para brincar de coisa séria.
Coral: Para se sentir leve.
Azul: Para você, e só para você.
Preto: Para ir além!

O BATOM TEM O PODER DE TRANSFORMAR. DUVIDA?

 **ARRASA!**

Crie o seu próprio batom. Pense na cor, desenhe a embalagem e dê um nome a ele. No final, você terá um reflexo de si mesma!

Únicas

Por muito tempo desejei ser como a Rafa. Era louca pelo jeito incrível como ela dobrava a barra da calça do uniforme da escola, admirava a maneira como ela sempre sabia dar as respostas certas, desejava ter o mesmo poder de jogar o cabelo e fazê-lo cair perfeitamente pelo rosto. Até tentei, mas, se já era ruim ser uma cópia, com defeito então estava fora de cogitação.

Resolvi que seríamos amigas, e só. Fomos nos aproximando aos poucos, e eu já nem reparava mais naqueles detalhes que antes me fascinavam. Descobri que a Rafa também tinha defeitos, que não gostava do formato do próprio nariz e que, se pudesse, seria mais alta.

Anos depois, algo parecido aconteceu com a Bia. Só que dessa vez foi ela quem tentou ser como eu. Juro que até hoje não entendo bem o motivo, mas lembro dela dizendo que tinha a ver com minha facilidade para fazer amigos, minha mania de organização e limpeza.

Várias Rafas, Bias, Brunas e outras meninas incríveis passaram e continuam passando pela minha vida. A diferença é que hoje eu entendo que **todas elas são maravilhosas por serem exatamente quem são: elas mesmas.**

✳ VOCÊ MESMA

Quais características suas são sempre elogiadas pelos amigos?
Faça um esforcinho para se lembrar de todas elas.

....
....
....
....
....
....

Se você pode sonhar...

A distância entre dois pontos é a limitação entre o que está acontecendo e o que poderia acontecer. Isso não quer dizer que, quanto mais perto, mais fácil. Perseguir os próprios sonhos é tarefa que ultrapassa os quilômetros. É como se objetivo nenhum estivesse suficientemente longe para que não possa ser alcançado. **O possível independe do tempo.**

Para qualquer decisão há um processo; para qualquer desejo há de haver força de vontade. É ela que tem o poder de ligar os pontos, unir a maior das distâncias e transformá-la em possibilidade. Só quem sabe sonhar reconhece quando um simples pensamento se torna realidade. A sensação é de fazer inflar o peito, bater mais forte o coração, deixar a respiração ofegante. São momentos como esse que insistem em permanecer na nossa memória e fazem os dias valerem a pena.

E não, o grau de dificuldade não é relevante. Uma história pode ser boa por causa do beijo, do emprego, da viagem... É você quem dita as regras e, automaticamente, se torna responsável por elas. Seus meios fazem de você o único e total responsável pelo fim. Quer sorte maior do que essa?! Descobrir os caminhos é o que nos torna capazes de chegar a qualquer ponto. Esteja ele onde estiver!

✱ AGORA É COM VOCÊ

Desenhe dois pontos e trace uma linha reta ligando um ao outro. O primeiro ponto é você; o segundo é o seu maior sonho. O que há no meio do caminho? O que você precisa superar para que esse sonho se torne realidade?

✗
você

✗
seu
maior
sonho

O POSSÍVEL INDEPENDE DO TEMPO

Morada

Em cada canto havia uma história.

No jardim, a horta dela e as flores dele. Na sala, a coleção de xícaras antigas ao lado das fotos em preto e branco. Na cozinha, as pias que não se tocavam, mas se olhavam. No quarto, a cama que agora tinha um espaço vazio. Ele se foi, mas construiu o sonho para ela. E foi ali, naquela casa com paredes de tijolos e portas de vidro, que as lembranças fizeram morada.

Sozinha, os óculos ganharam mais graus e as pernas já não eram capazes de subir as escadas com tanta rapidez. Mas não importava. Para onde quer que ela olhasse ou andasse, ele estaria lá. Juntos!

<u>Uma história só é de amor quando os dois corações são capazes de bater na mesma sintonia.</u> Não importa se por um dia, por alguns meses ou por muitos anos. Ou para sempre. A vida é aquilo que a gente leva dela. E o que deixa.

verdade que aprendi com a vida

✳ PENSA AÍ

Se você pudesse projetar uma casa, como ela seria? Desenhe.

Reflexo

Todo mundo passa olhando para mim. Confesso que é uma delícia. Muitos me chamam de inimigo, mas eu não ligo: sei que é coisa de momento. Adoro poder estar cada hora de um jeito; às vezes alto, gordo e cabeludo, às vezes baixo, magro e tatuado. Sou homem e sou mulher, sou velho e sou novo, sou o que querem que eu seja.

Estou sempre disposto. Assumo minhas formas como quem assume um prazer. Reflito o momento, sou feliz simplesmente por ser eu mesmo. Mostro a verdade como ela realmente é, e meu maior prazer acontece quando consigo arrancar sorrisos. Continuo esperando que um dia o desapontamento se transforme em felicidade.

Sou confidente. Diante de mim, alguns prometem mudar, sem saber que brilham por serem únicos. Acredito que a realização está próxima de quem aceita seu espaço no mundo, de quem é feliz por ser como é. Sou fascinado por mudanças. **AFINAL, O QUE SERIA DE UM ESPELHO SE TODOS FOSSEM IGUAIS?**

✷ SOU MAIS EU

Olhe para o espelho mais próximo agora mesmo e diga quais são as cinco coisas mais legais que ele reflete.

1. ....
2. ....
3. ....
4. ....
5. ....

Não sabia para onde estava indo, mas gostei daquela casinha com telhado. Era engraçado olhar por detrás da grade azul e enxergar sorrisos. Uma, duas, três horas depois, avistei pela primeira vez o seu olhar. Naquele momento, por causa das lágrimas que o envolviam, não notei a pintinha marrom no olho esquerdo, mas gostei. Logo suas mãos estavam pertinho de mim e eu ganhei o primeiro beijo da minha vida.

Aquilo era ter um lar? Achei engraçado chegar a um lugar novo e poder escolher com o que brincar. Ahhh, também adorei a sensação que o cobertor azul deixava na minha pele. Confesso que não entendi por que ela me deu uma bronca depois que escolhi um canto embaixo da mesa para aliviar toda a água que havia bebido, mas agora sei que foi apenas uma decisão errada: o lugar certo tinha um tapete branco fofinho. Fechei os olhos para descansar e sonhei que aquele dia se repetiria para sempre. Fui acordado por um ruído estranho que saía do aparelho que suas mãos apontavam para mim.

Em pouco tempo, nossos dias juntos viraram a minha vida. Eu deitado na porta do quarto dela esperando o despertador tocar, o nosso bom-dia no edredon ainda quentinho, o lugar especial que escolhi para dar o meu oi, as fotos que, agora eu sabia, eram o principal atrativo daquele aparelho estranho, os chinelos roubados e destruídos… Adoro quando ouço o meu nome. Sinto como se o meu coração batesse mais feliz.

Outro dia ela me segurou com força e prometeu que cuidaria de mim para sempre. Eu queria ter respondido, mas, como não sou bom com as palavras, olhei dentro dos olhos dela e percebi que estava refletido neles. Enquanto fosse assim, a minha promessa seria a mesma!

✷ AMOR SEM FIM

Dentro desta casinha está o seu novo bichinho de estimação. Dê um nome para ele e imagine como seriam os dias de vocês juntos.

Estrada   e você?

<u>Sou do tipo de gente que gosta de mudanças.</u> De casa, de sentimento, de vida. Acho que o novo é transformador, ainda que acompanhado do medo. Lembro de quando mudei de escola pela primeira vez e entrei na sala de aula prestes a desmaiar de ansiedade. Respirei fundo, avistei uma garota de óculos com o olhar simpático, um mestiço que parecia ter saído dos filmes que eu adorava assistir e, antes que eu pudesse pensar melhor, fui convidada a me sentar por uma mulher que usava uma pasta enorme para carregar seus livros. Escolhi a cadeira vazia mais próxima de todos eles. Aquele foi o primeiro dia de muitos sendo amiga da Patty, namorada imaginária do Daniel e admiradora da Vivi, melhor professora de história que alguém poderia ter.

Depois aconteceu de novo, quando resolvi mudar de caminho para o trabalho. A cada nova curva, uma surpresa. Dirigir nunca foi o meu forte, e, enquanto minhas pernas tremiam diante do desconhecido, eu me sentia realizada por chegar sete minutos mais cedo e encontrar uma árvore que dava as boas-vindas à primavera.

É claro que existem as mudanças mais trabalhosas, como aquelas que exigem que você empacote suas coisas em caixas e entre em aviões com bilhetes de embarque internacionais. Nessas, ainda que envolvam amores desfeitos e lágrimas de despedida, as malas sempre voltam cheias de boas histórias e fotos de momentos felizes.

Para mim, mudar é uma escolha que, mesmo quando parece não ter dado certo, sempre vale a pena.

✳ QUERO SABER

Qual é a maior mudança que você já fez na vida?
E qual é a que ainda quer fazer?

....
....
....
....
....

Viva!

Por detrás da tela, você é quem e o que quiser. Fala sobre sentimentos que nem sempre tem, descreve características que nunca vê e emite opiniões sinceras que, de tão verdadeiras, parecem um pouco assustadoras. A internet nos deu voz e nós demos um novo sentido a ela: mudar a nós mesmos.

Onde fica a linha que separa a imaginação da realidade? Onde fica a nossa individualidade? Tudo é instantaneamente postado e compartilhado, mas será que de fato vivido? O que eram apenas registros impossíveis de serem descartados antes de revelados hoje são imagens alteradas. Da realidade, do cotidiano, da vida.

A coragem para existir é maior do que quando havia a necessidade de ter um rosto. Ainda que se tenha, ele estará sempre protegido por um filtro.

ONLINE
Você pode pensar, reler, apagar e reescrever.

OFFLINE
Você toma fôlego, abre a boca e deixa vir.

A escolha é sua, e a consequência dela também.

* PENSA COM CARINHO

Que tal ficar offline pelas próximas horas? Prometo te fazer companhia com este livro! :)

Quanto vale uma escolha?

Seguir adiante ou frear. Ir ou parar. Desistir ou tentar. Uma decisão pode mudar tudo no futuro, que é o reflexo do que a gente planeja em parceria com o que o acaso nos traz. A história se transforma em segundos, e, ainda que seja rápido demais, nós vivemos para ver. Os dias nos privam da previsão do amanhã, mas imploram pelo hoje.

DEIXAR DE SENTIR POR MEDO. DEIXAR DE FALAR POR VERGONHA. DEIXAR DE AMAR POR CONVENIÊNCIA. SER FELIZ, DAQUELE JEITO QUE DEIXA O CORAÇÃO QUENTE E A ALMA LEVE, EXIGE MUITO MAIS DO QUE FICAR SENTADO ESPERANDO. MESMO QUE EXISTAM CONTRATEMPOS NO CAMINHO, É ASSIM, E SÓ ASSIM SERÁ POSSÍVEL.

Talvez seja mesmo questão de sorte. Mas o privilégio de saber jamais chegará aos acomodados. O esforço pessoal de cada um é o que move os ponteiros do tempo e nos torna capazes de experimentar o novo.

✳ CORAGEM!

Dê o primeiro passo para algo diferente acontecer na sua vida. Vale mandar uma mensagem para alguém, começar um curso ou preparar uma receita nova. A escolha é sua!

Sobre as parcerias da vida

Eu devia ter uns seis ou sete anos e insisti, fazendo cara de dó, por aquela boneca. Ela era de pano com o cabelo marrom feito de lã, e tinha um vestido que me lembrava a cortina da casa da minha avó. Pedi, chorei, implorei. Lembrei até que meu antigo companheiro já estava parecendo um trapo e que eu realmente merecia um novo. Meu pai sempre foi do tipo que acha que presente precisa de data especial para ser recebido e negou a gracinha de imediato. Poxa, pai! Fui para casa bem triste e resolvi dormir mais cedo para esquecer aquele dia horrível.

Acordei ainda abraçada ao coelho de pelúcia cor-de-rosa, que foi o primeiro brinquedo que ganhei na vida. Carreguei aquelas orelhas imensas pra cima e pra baixo durante muitos anos, e, por essas e outras, uma delas já estava prestes a cair. Encontrei meu pai na cozinha, assistindo ao jornal da manhã com cara de sério. Ele sentou bem na minha frente, tirou do bolso um embrulho verde que reluzia e, sem me deixar pensar, disse algumas palavras que mudariam para sempre a minha compreensão sobre a vida:

"Um novo amigo nunca substitui um antigo."

Naquele mesmo dia, mais tarde, apresentei a Mafalda ao Sr. Coelho. Nós três formamos um time que durou muito mais tempo que a costura de um brinquedo de pano pode aguentar.

✳ SUA VEZ

Lembra do seu primeiro brinquedo? Descreva-o em três frases.

....
....
....

Nossa história

E então ela descobriu o que era amar. Não que não fizesse ideia antes. Até já tinham acontecido momentos em que o coração pareceu estar entregue, mas daquele jeito, por completo, era a primeira vez. Tentou lembrar em que ocasião se deu por vencida, fisgada, pertencida, mas simplesmente não conseguiu. Era como se a parte em que ele não existia estivesse lá o tempo todo esperando para ser preenchida.

==É engraçada essa coisa de sentir como se alguém estivesse na sua vida há muito tempo quando na verdade faz pouco.== Tentar ocupar os espaços e conhecer os detalhes é tarefa árdua, que leva tempo, até mesmo para os apaixonados. E assim, quando finalmente acontece, há sempre mais para desbravar.

A questão agora era aproveitar cada minuto, transformá-los em dias, semanas, meses, quem sabe anos. Para poder deitar lado a lado, com os olhos abertos, e notar que a transformação que acontece por fora não muda nada do que se tem por dentro. Bem ali no coração.

✱ DESAFIO

Para cada insegurança que te impede de viver um novo amor, pense em uma coisa positiva.

E SE ELE ME ACHAR FEIA?	
NÃO QUERO DEIXAR DE SAIR COM A GALERA	
TALVEZ ELE NÃO GOSTE DE NADA QUE EU GOSTO	
MEU ÚLTIMO NAMORO ACABOU TÃO MAL	

Um beijo

Às vezes, antes de dormir, me imagino entrando numa máquina enorme, cheia de luzinhas, que me leva de volta para aquele fatídico 25 de outubro de 2003. Meu cabelo ainda era maior do que eu consigo me lembrar, e parte do meu corpo tremia quase como se um terremoto estivesse dentro de mim. Eu tinha dezesseis anos e não fazia ideia do que era estar tão perto de um garoto a ponto de sentir a pontinha do nariz dele encostar na pontinha do meu nariz.

Mas aconteceu. Perto da quadra de esportes do colégio. **Eu e ele nos beijamos.** Do alto de uma escadaria gigante que, se tivesse cada um de seus degraus somados, ainda assim não teria o tamanho do meu nervosismo, nós nos beijamos. Durou dez segundos:

1. fecha os olhos
2. abre a boca
3. abre um pouquinho menos a boca
4. lembra de colocar as mãos na altura dos ombros dele
5. língua pra fora
6. língua pra dentro

No sétimo segundo, eu me despedi. No oitavo, eu já não era mais a única garota da sala que nunca tinha beijado. No nono, entendi que a primeira vez nunca é a melhor. No décimo, sorri sozinha por me imaginar hoje, mais velha, assistindo àquela cena depois de entrar numa máquina do tempo e achando graça de tudo. Naquele dia, entendi que nenhum momento pode ser esquecido ou transformado quando já está eternizado na nossa própria história.

✳ ENTRE A GENTE

Já rolou o seu primeiro beijo? Como foi?

....
....
....
....
....

Pra você

Alguns presentes não precisam estar dentro de caixas ou ser recebidos em datas comemorativas para terem um significado especial. Aqueles que farão a diferença e mudarão para sempre o sentido das nossas vidas geralmente aparecem do nada, sem que estejamos esperando.

Na hora de ganhar fica difícil saber disso. É como se fosse apenas mais um, pronto para ser esquecido quando o interesse passar. Não é questão de valor; é só o jeito como a vida segue.

Com o tempo, aqueles que mais combinam com a gente vão marcando presença e deixando os dias felizes. Logo se tornam essenciais nos momentos ruins e importantes nos bons. Fazer sentido é estar com eles.

Até que é chegada a hora em que você entende. Para e pensa no que tem e, ainda que ache não ser merecedor de tanto, agradece. A chance de ganhar algo tão valioso não acontece sempre.

Os melhores presentes não são coisas. São pessoas.

 acho que vou fazer uma camiseta com essa frase! haha

✳ COM AMOR

Mande uma mensagem carinhosa para os cinco melhores presentes que você já ganhou na vida.

....
....
....
....
....

Próxima parada

Viajar é uma experiência única, que começa muito antes de fazer as malas.

Escolher o destino, planejar o caminho, desbravar as melhores opções. É como se o mundo todo estivesse a um passo de ser seu. A data do embarque? Apenas um detalhe. Os dias, meses ou anos que antecedem a hora de partir é que nos transportam. Quando o corpo permanece no mesmo lugar e a cabeça viaja, os problemas deixam de existir e a expectativa nos leva adiante.

É chegada a hora. O coração se prepara para guardar o que câmera nenhuma seria capaz de registrar e a bagagem fica leve, ainda que pese muito. Tempo nenhum seria suficiente, e a contagem até o fim começa sem a intenção de terminar.

Para muito longe ou para muito perto. Sem previsão de volta ou retorno imediato. Quem viaja descobre a maravilha de descobrir e entende coisas que jamais compreenderia se ficasse parado. A sensação de não acreditar no que os olhos veem, de pisar onde jamais imaginou chegar, de sentir, ouvir e viver emoções novas. Isso, só quem viaja sabe.

✳ PREPARAR PARA DECOLAGEM

Na mala da esquerda, escreva os lugares distantes que você sonha conhecer. Na da direita os que ficam mais perto. No futuro, risque cada um deles à medida que for viajando...

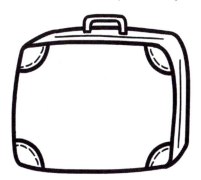 

OS MELHORES PRESENTES NÃO SÃO COISAS. SÃO PESSOAS

Ser fã...

É passar horas se dedicando a alguém que muito provavelmente está bem longe, ainda que pareça estar perto.
É ter certeza absoluta de que no momento em que vocês se conhecerem vai rolar uma conexão absurda e que, em poucos segundos, vocês serão amigos de verdade.
É ficar louco diante de qualquer pedaço de papel em que a cara do ídolo esteja estampada.
É implorar nas lojas pelo pôster ou totem em que ele aparece.
É ser aquele que está encostado na grade, que leu ou ouviu primeiro.
É ter algo que parece ser só seu, mesmo que seja de milhões.
É acampar em filas.
É saber que, mesmo que o tempo passe e as coisas mudem, um pedaço do seu coração sempre vai bater mais forte por aquela pessoa.
É crescer junto.
É ter certeza de que aquela música foi feita para você.
É adotar um pouquinho daquele estilo que te inspira todos os dias.
É fazer amigos que sentem exatamente a mesma coisa.
É não ligar quando acham que você pode estar ficando louca.
É aprender que a obsessão nem sempre é uma coisa ruim.
É apoiar, incentivar e amar sem esperar nada em troca.

✴ TAREFA DIFÍCIL

Você tem um ídolo? Se a resposta for sim, use este espaço para imaginar uma conversa com ele. Não tem? Explique por quê. *pode sonhar alto!*

....
....
....
....
....
....

Do outro lado

Parada no trânsito, às cinco e meia da tarde, me flagrei completamente ligada no que acontecia na janela do carro ao lado. Ela devia ter uns vinte anos, tinha o cabelo loiro preso num rabo no alto da cabeça, usava colete jeans com estampa étnica e, ainda que os óculos de sol tentassem esconder, chorava feito uma criança sendo obrigada a comer algo horrível.

Fiquei curiosa para saber seu nome e o motivo do choro. Podia ser o ex que insistia em permanecer nos pensamentos dela. O emprego, que só pareceu uma boa ideia no momento da contratação. As notas ruins na faculdade. Ou uma música triste que tocou no rádio e a fez lembrar daquele dia de sol ao lado dos pais.

Não importava. O que me chamou a atenção de verdade foi o modo como ela tirou os óculos e se permitiu sentir. Assim, protegida apenas por um vidro transparente.

Durante os quase dez minutos que passamos lado a lado, nada mudou o foco dela. Deixou as lágrimas escorrerem, fechou os olhos bem forte e só abriu de novo quando o carro da frente começou a se mover. **Aí sim, com muita rapidez, enxugou o rosto, respirou fundo, pisou no acelerador e seguiu em frente. Exatamente como tem que ser.**

✷ ME CONTA

Pare um pouco e repare na pessoa que está ao seu lado. O que você vê?

....
....
....
....
....
....
....

No escurinho

Não importa muito o que as bocas respondam ou as fotos mostrem. Ninguém é capaz de desvendar o que acontece entre um casal. Aliás, essa é a magia: escolher alguém para dividir horas, minutos e segundos em que só vocês sabem o que quer dizer cada troca de olhares.

A não ser que...

O longa que está prestes a ser projetado na tela gigante é mero detalhe. É ali, quando as luzes se apagam e ninguém mais pode ver ou julgar, que a relação se define.

Os beijos apaixonados dos que só têm duas horas para curtir "a sós", as mãos que mesmo sem precisar estão entrelaçadas. O ombro que acolhe a cabeça que quer descansar, a pipoca que faz os dedos se encontrarem no sabor compartilhado.

==O cinema esconde mais que o final do filme.== O cinema guarda histórias de amor que nem mesmo o melhor dos roteiristas conseguiria escrever.

http://kp.blog.br/romancek

✳ QUERO SABER

Quais são os seus sete filmes de romance preferidos?

1. ....
2. ....
3. ....
4. ....
5. ....
6. ....
7. ....

OS MEUS SÃO ESSES

Grey girl

Não sei ao certo como aconteceu, mas desde que me entendo por gente sou uma amante dos dias nublados. Sim, eu gosto de manhãs ensolaradas, que quase te obrigam a vestir uma roupa e ir para a rua ser feliz. Mas a verdade é que o **MEU CORAÇÃO FICA TRANQUILO DE UM JEITO INSPIRADOR QUANDO O CÉU ESTÁ CINZA.**

Nesses dias, paro para pensar na vida, escuto uma música mais melancólica, escrevo um texto. É como se o mundo lá fora estivesse pronto para desacelerar e as coisas aqui dentro acontecessem de outro jeito, muito, muito mais profundamente.

Talvez seja apenas uma percepção boba, mas eu adoro o fato de conseguir enxergar as coisas como elas realmente são, sem raios de luz que as enfeitem. É sob a sombra que as rachaduras dos prédios aparecem, as manchas dão as caras no rosto e os sentimentos aparecem, revelando a verdade.

Se for difícil demais, basta dormir, acordar e esperar a claridade entrar novamente pela janela.

✳ OLHE LÁ FORA

Guarde este espaço para escrever as cinco primeiras palavras que vierem à sua cabeça no próximo dia cinza.

....
....
....
....
....

fim

O último beijo.
O último livro.
A última palavra.

Seria impossível prever.

Dizem que o segredo é viver os instantes como se eles fossem a chance derradeira de existir. Mas e se não forem?

Há quem acredite que o fim não é, necessariamente, o final. Há quem diga que ele é a consequência de estar vivo. A verdade? A graça está em não saber.

A vida nos dá a chance de sermos felizes segundo após segundo, e o modo como você encara cada acontecimento é o que determina o tamanho do sorriso.

A importância disso? São eles que serão lembrados por quem fica.

A relevância disso? Essa será a sua história, que, ainda que fosse eterna, teria sido insuficiente.

- -

✳ IMAGINE

Se você soubesse que o mundo acabaria amanhã,
como seria seu último post no Facebook?

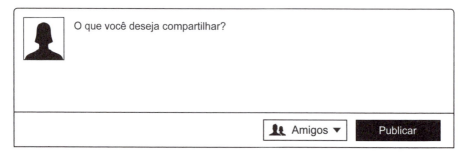

À mão

Minha vida inteira eu tive que lidar com o mesmo problema. Era só precisar fazer uma prova, responder no caderno de perguntas de alguma amiga, escrever um cartão de aniversário...Lá estavam eles, estranhos, ainda que escritos com a melhor caneta, da maneira mais caprichada possível. Meus garranchos.

Nos demos bem até o momento em que não bastava a compreensão entre a gente; outras pessoas também precisavam interagir. Foi um caminho sem volta. Me vi obrigada a escrever no meio de duas linhas de espaçamento minúsculo a fim de treinar a caligrafia. Em vão.

Logo eu, que sempre amei as palavras...

Tentei trocar de formato, posicionar o lápis um pouquinho inclinado para o lado, até mesmo mudar de mão... Nada! As pessoas continuavam a não entender o que eu queria dizer.

Quando já estava a ponto de desistir, ganhei meu primeiro computador. Letras perfeitamente alinhadas de um jeito que eu nunca fui capaz de fazer. E mais ninguém. De repente, não havia mais problemas de legibilidade, nem de identidade. Era impossível perceber se a carta fora escrita num momento de emoção especial, na pressa, se foi rabiscada para esconder algum erro...

Enquanto ouço o barulho do teclado, desejo de verdade que as canetas nunca acabem. Nem os recados escritos à mão, mesmo os difíceis de ler.

✳ PEGUE UMA CANETA

Compare a minha letra com a sua...

Minha letra é só minha!

Carcaça

De vez em quando me flagro olhando para o nada, refletindo sobre coisas que só acontecem dentro da minha cabeça. É como se um turbilhão de pensamentos rolasse no silêncio do mundo, mas no barulho da minha consciência. Não sei se existe um nome científico para esse fenômeno, mas, na minha história, funciona como um refúgio, uma fuga do meu exterior para o interior.

As ideias se misturam, se confundem, me confundem, mas quase sempre terminam com a resposta da mesma pergunta que me faço desde que era criança: **QUAL SERIA O MEU ÚLTIMO DESEJO DE VIDA?**

Obviamente, eu já quis de tudo. Ir para a Disney, ganhar patins de quatro rodinhas, ser invisível, saber falar mais de quinze idiomas, comprar um carro, ter uma irmã gêmea, encontrar o bilhete premiado… Acontece que, de um tempo para cá, a mesma vontade tem insistido em aparecer. É quase como se, mesmo depois de pensar em um milhão de possibilidades, apenas uma das alternativas realmente valesse a pena.

Depois de passar por mais um dia em que a vida adulta cobra responsabilidades e nos faz acreditar que o que se vê por fora é o que realmente importa, meu desejo é um só:

EU QUERIA PODER VER A MINHA ALMA.

✱ E VOCÊ?

Escreva aqui aqueles que seriam os seus cinco últimos desejos de vida. Volte daqui a alguns meses e descubra se eles continuam os mesmos (aposto que não!).

....
....
....
....
....

EU QUERIA PODER VER A MINHA ALMA

Receita

Quantas possibilidades há dentro de uma cozinha?! Ok, eu sei. Tudo depende do que os armários e a geladeira escondem, mas, ainda assim, eu nunca havia enxergado dessa forma. Até pouquíssimo tempo atrás, os meus pés só iam parar no piso frio de cor cinza para passar poucos minutos. A movimentação toda não tinha mais do que três passos: abre, coloca no micro-ondas, tira. Eis que finalmente descobri o poder de um bom ingrediente de verdade.

A cebola, o tomate, a pimenta-do-reino... É como se eles fizessem parte de um grupo secreto de componentes mágicos que, juntos, têm o poder de transformar. Aí vem a melhor parte: ver a coisa tomando forma. Só quem já viu um bolo crescer, uma torta tomar forma, uma receita dar certo sabe que existe prazer em cozinhar. E em comer o que você cozinhou.

Gosto de sentir a massa entre os dedos, apertar, cortar, ralar... Gosto mais ainda de sentir o sabor. Aquela explosão que faz a boca se contorcer e o sorriso de satisfação vir logo em seguida. Fui eu que fiz!

✶ MÃO NA MASSA

Não importa o seu grau de conhecimento: siga esta receita e prometo que você vai se dar bem na cozinha.

Brigadeiro de pistache com paçoca

INGREDIENTES:
1 lata de leite condensado
1 xícara de pistache triturado
1 colher (sopa) de manteiga
2 paçocas

MODO DE PREPARO:
Junte o leite condensado, o pistache e a manteiga em uma panela e mexa, em fogo baixo, até engrossar. Deixe esfriar e polvilhe a paçoca por cima. Plim!

TEM VÍDEO PRA AJUDAR!

Espiadinha

Só existe uma coisa mais legal do que estar à mesa de um restaurante: estar à mesa de um restaurante comendo a sobremesa. Melhor do que isso? Só se a mesa ao lado estiver ocupada por gente que gosta de falar. E que fala sem se importar muito com o que está dizendo.

O casal que discute por causa dos likes que ele insiste em dar mesmo tendo a namorada bem na sua frente. Para ela, é falta de respeito. Para ele, só uma parte da vida de solteiro que faz questão de não abandonar para não perder a própria identidade.

As amigas que tentam desvendar o porquê de só terem namorado caras babacas a ponto de não apoiarem o sucesso. Delas.

A família que de família só tem mesmo o sobrenome – e a vontade de falar sobre a outra parte da família que não está presente. "Ainda bem!"

A galera do escritório que odeia o chefe, mas que muda de assunto rapidinho quando este chega meia hora depois fazendo a velha piadinha sobre sentar na ponta da mesa e pagar a conta.

Os caras que se conhecem desde crianças e que resolveram discutir a existência da sorte e do azar. E questionar se sucesso tem a ver com talento ou com estar no lugar certo na hora certa.

Coloco na boca mais uma colherada do sorvete de morango que escolhi e dou uma risadinha que quase me denuncia: **a vida é o melhor reality show a que se pode assistir.**

✱ VALENDO!

Hora de convencer o público de que você não deve ser eliminada. Você tem cinco linhas.

....
....
....
....
....

Estudar

Ela estendeu a mão para o juramento final como quem nunca tivesse sentido medo na vida. E agradeceu. Pelos anos, pela oportunidade, pelo que estava por vir. Não sabia ao certo o que esperar quando os cadernos já não pesassem mais na mochila, mas mal podia se conter para ver.

Sentou em meio a tantos outros como ela e tentou imaginar se, dentro de cada um dos corações, o sentimento era o mesmo. Não havia sido fácil chegar até ali, e agora seria menos fácil ainda prosseguir. Ela sabia, mas não se importava.

O caminho de quem tem um sonho é percorrido no desejo de torná-lo realidade.

Emoldurou nas lembranças os melhores momentos: a prova em que tirou nota máxima sem precisar estudar, os trabalhos feitos em grupo que rendiam tantas gargalhadas, o professor que a fez mudar seu jeito de ver o mundo.

Tirou o capelo, aquele chapéu com o topo quadrado, enrolou o diploma com as pontas dos dedos e vestiu seu melhor sorriso: aquele que só aparecia junto com a sensação das grandes conquistas.

Agora estava formada e tinha o futuro todo pela frente.

PARA TE INSPIRAR

✱ SEU FUTURO

Imagine que você foi aprovada para estudar na universidade dos seus sonhos. Como ela seria? Pense na estrutura, nas aulas, nos professores...

....
....
....
....
....

45

Antigos passos

Eles eram brancos com pedacinhos de tecido furta-cor que reluziam à luz do sol. Lembro de esperar ansiosamente as férias terminarem para, finalmente, poder fazer dos meus passos até a sala de aula um momento mágico. Eles não tinham uma etiqueta famosa, nem eram parecidos com os que as outras meninas da escola calçavam. Justamente por isso, me pareciam ainda mais especiais.

Fomos juntos, eu e eles, para o primeiro dia daquele novo ano. Entre um esbarrão aqui e uma cruzada de pernas ali, fomos notados. E questionados. "Você tem treze anos e se veste como uma garotinha de cinco?", ouvi as palavras saírem pelos únicos lábios dos quais eu sonhava chegar perto o suficiente para ser alguém que já tinha beijado.

Inventei qualquer desculpa. Disse que havia ganhado de presente, que havia achado horríveis, mas que precisei usar em respeito a quem me deu. Seria só aquele dia e nunca mais.

Os anos mudam muitas coisas além do tamanho do nosso manequim. Eu só queria poder calçar dois números a menos de novo para poder usar os meus tênis de princesa e dizer a verdade sobre quem eu sou.

QUANTO MAIS VELHO VOCÊ FICA, MAIS SINCERO SE PERMITE SER.
E que continue sempre assim!

✳ MÁQUINA DO TEMPO

Você consegue se lembrar de alguma situação em que deixou de ser você mesma? Que tal usar as linhas abaixo para mudar isso e imaginar como teria sido, naquela ocasião, ser quem você gostaria?

....
....
....
....
....
....

EU QUERO UMA HISTÓRIA DIGNA DE LETRA DE MÚSICA

Quero você

Eu quero uma história digna de letra de música. Tardes de bobeira deitados de barriga para cima no sofá e muitos livros espalhados pela casa. Quero dizer o que penso e ouvir de volta um elogio que não faça sentido.

Quero poder abraçar bem forte sem motivo e chorar de felicidade mais vezes do que de tristeza. Quero que você esteja por perto, mas entenda que preciso sentir vontade de voltar sempre. Quero que a saudade faça parte dos dias juntos ou separados.

Eu quero beijar mesmo quando o beijo deixar de ser novidade. Quero poder usar para dormir aquela camiseta velha e deixar a vergonha para quando nos lembrarmos do que eu disse na primeira vez em que nos vimos. Quero contar meus segredos e espero que, mesmo assim, eles continuem sendo segredos.

Quero que as mensagens no celular nunca parem e que as ligações terminem com promessas de sentimentos verdadeiros. Quero poder marcar encontros inesperados no endereço de sempre e mudar o destino quando for conveniente para nós. Eu quero falar, ouvir e apreciar o nosso silêncio.

Quero rir das piadas repetidas e me surpreender com palavras que eu ainda não conhecia. Descobrir uma dobrinha nova no sorriso, um fio de cabelo que nasceu diferente, uma ruga que há pouco não existia. Eu quero estar junto pra comemorar e prometo ajustar o relógio para que as datas importantes nunca sejam esquecidas.

==Eu quero um amor que me faça bem para que eu possa fazer bem também.==

✷ HORA DE REFLETIR

E você, já sabe o que quer? Liste dez características que fariam de alguém o seu amor ideal.

1. ....
2. ....
3. ....
4. ....
5. ....
6. ....
7. ....
8. ....
9. ....
10. ....

Nasceu

Só quem já teve uma sabe como é. Faz despertar o maior dos sonolentos, faz desejar o último dos interessados, faz querer tentar até quem já estava desistindo. Ter uma boa ideia não é coisa que acontece todo dia, mas é do tipo que não dá para esquecer. Principalmente se o inventor consegue colocá-la em prática.

Entre o pensar e o executar acontecem milhares de coisas, e a ideia pode, ou não, deixar de ser ideia para virar verdade. O processo todo é sempre intenso e até cansativo, e isso independe do tempo que leva para acontecer. Às vezes se envolvem mais pessoas, às vezes uma tela de computador é tudo de que se precisa.

TEM GENTE QUE LEVA UMA VIDA TENTANDO ENCONTRAR A SACADA CAPAZ DE MUDAR TUDO, MAS DE NADA ADIANTA SE, ENQUANTO ISSO, OUTRO ALGUÉM ESTIVER SENDO GENIAL APENAS POR LEVANTAR E FAZER.

Ver acontecer algo que apareceu pela primeira vez dentro da sua cabeça, sem que pessoa nenhuma tivesse pensado antes, é digno daquilo que se pode chamar de conquista. E conquistar, seja lá o que for, é bom demais.

✳ É HOJE!

Quais foram as melhores ideias que já passaram pela sua cabeça? Que tal colocar alguma delas em prática?!

....
....
....
....
....
....
....

Navegar

ACONTEÇA O QUE ACONTECER, SEJA SEMPRE VOCÊ. É bonito, parece fácil, mas na prática é muito, muito difícil. Os acontecimentos da vida nos transportam para lugares em que nunca imaginamos estar. É como se os dias fossem uma correnteza sem fim em que não dá para prever o próximo obstáculo. Mas eles existem! Aparecem do nada, balançando o nosso barco e nos fazendo agir como se não fôssemos nós mesmos.

Esses traumas transformam você, pouco a pouco, em uma pessoa diferente a cada dia. Uma palavra dita que não pode ser apagada, um ato impensado que não pode ser desfeito, um coração partido que não consegue se recuperar. E, assim, vamos vivendo e mudando.

É claro que no meio do caminho há também paisagens bonitas, encontros inesperados e um balanço que, de leve, faz até o frio na barriga parecer agradável. Mas não se engane: eles também são responsáveis por modificar um pouco do que pensávamos ser. A felicidade desperta no peito o desejo de ser, ter, pertencer a algo ou alguém que nem sempre existiu nos nossos dias.

==O importante é se manter sempre dentro do barco.== É ele que, de alguma forma, nos leva adiante.

✷ VIAJE

Se este barquinho de papel pudesse levar você a qualquer lugar, qual seria? Por quê?

....
....
....
....
....
....

Sua casa

Morar sozinho é mais do que ter seu próprio espaço. É saber como cuidar dele. É olhar para o vazio e preenchê-lo de vida. A sua, no caso. Morar sozinho é diferente de sair da casa dos pais. Quem sai da casa dos pais está em busca de liberdade; quem vai morar sozinho quer casa e, ainda assim, gosta de sair de casa.

Morar sozinho é conhecer seus próprios limites. É saber a hora de parar e arcar com as consequências de não ter ninguém para dizer "chega". Sair da casa dos pais é esperar uma vida nova e poder voltar atrás caso decida que a antiga era bem melhor.

e saber respeitá-los!

Morar sozinho é encarar a frustração de ter que pagar as contas do mês com o mesmo entusiasmo com que encara a hora de precisar acordar. É achar o máximo descobrir que economizou na conta de luz e conseguir aproveitar essa grana da melhor maneira possível: investindo na própria casa. Sair da casa dos pais é viver provisoriamente num lugar que, por pior que seja, fará parte das lembranças mais loucas da sua vida.

Morar sozinho é ser independente. Sair da casa dos pais é procurar a independência.

✳ COMPLETE A LISTA

PRÓS DE MORAR SOZINHO	CONTRAS DE MORAR SOZINHO
• ter seu espaço	• lavar a louça

Seria ~~bom~~ incrível

Como seria o mundo se o mundo fosse um mundo de gente querendo o bem do mundo?

Achar graça da árvore que nasceu no caminho, dar a informação sem ligar para a pressa, pisar ainda que o chão tenha poças de água da chuva, encontrar uma foto boa no meio do cenário de sempre, ceder o lugar, dar like, reclamar menos, ouvir mais, suspirar de vez em quando. Abraços, beijos, presentes, olhares, carinhos, canções.

Se levar o melhor da vida só depende da percepção de quem está vivendo, por que perder tempo sabotando a felicidade? Não haverá segunda chance para o dia que já passou. <u>O amanhã não permite refações.</u>

O segredo de quem sorri vai além de aprender a enxergar só as coisas boas; **O SEGREDO DE QUEM SORRI ESTÁ EM SABER TIRAR O MELHOR DAS COISAS RUINS.**

✳ MISSÃO DO DIA

Reconheça cinco coisas que não te fazem bem e que você pode mudar já!

1. ....
2. ....
3. ....
4. ....
5. ....

Parênteses

Não importa a intensidade do choro, o tamanho do corpo, a pressa para nascer. Pai, mãe, irmãozinhos... Os rostos que criam forma logo que os olhos abrem e enxergam a luz pela primeira vez são os que farão parte da história. Da vida.

Ainda que possa escolher quem vai ser, será obrigado a vestir as roupinhas que lhe forem dadas, a comer as papinhas que lhe forem preparadas, a amar. Mesmo que desame depois. E tudo isso... Bem, tudo isso vai contribuir muito para um crescimento que transcende os centímetros a mais nas pernas.

Os costumes, os vícios, a dinâmica de vida da qual fará parte já estão estruturados, esperando por esse novo ser, que, antes mesmo de chegar, já carrega expectativas. É engraçado pensar nas responsabilidades que se tem enquanto bebê.

É verdade que a família que vem primeiro, aquela da qual fazemos parte antes mesmo de existir, essa, pessoa nenhuma escolhe. Mas basta virar adulto para amar, querer compartilhar e começar a história toda de novo.

✳ RELEMBRE

Onde você nasceu? Como são ou foram os seus pais? Como era a casa da sua infância? De que forma tudo isso contribuiu para você ser quem é?

....
....
....
....
....
....

Sem números

Quanta grana você tem? Quanto você pesa? Quantos seguidores já conseguiu nas redes sociais? Uma vida feita de números sem letras que possam contar histórias. Eu, definitivamente, não gosto disso. Está explicada a minha conhecida falta de habilidade com as exatas na escola. **Sou bem mais do que quantidades acumuladas.**

Trabalhamos para bater metas, nos esforçamos para ter sempre mais. E mais. E mais. Só que ninguém pergunta quantas vezes você já sorriu hoje. Quantos abraços ganhou. Quantos pensamentos bons passaram pela sua cabeça. **Os números que importam não são aqueles que têm importância de verdade.**

Custo a acreditar que nossa trajetória seja tão óbvia quanto uma fórmula matemática, mas entendo quem sinta conforto ao encarar assim. Funciona bem e não há margem para erros. É óbvio, é matemático. Mas é real?

Por essas e outras, as palavras me fascinam. Poucas fazem sentido sozinhas, e, ainda que tenham significado específico, podem mudar completamente quando agrupadas. Ou pontuadas. <u>Sou e sempre serei de humanas.</u>

✶ RESULTADO FINAL

Para cada palavra, escreva uma frase que faça sentido na sua vida:

QUANTOS: ....
QUANTA: ....
QUANTO: ....
QUANTIDADE: ....

SOU BEM + DO QUE QUANTIDADES ACUMULADAS

Sem escalas

Me lembro daquele 1º de fevereiro com a exatidão de cada sentimento. Entrei com o pé direito, temendo que algo ruim pudesse acontecer. Faz muito tempo, mas eu já era esperta o suficiente para fazer ligação com as cenas de horror de alguns filmes que sempre passavam na televisão.

Avistei o que o papel em formato de tira dizia e cheguei o mais rápido possível naquele que seria o meu espaço pelas próximas horas. Tentei relaxar. Escolhi uma música calma para ouvir, separei as jujubas em grupos divididos por cores, estiquei as pernas.

Apesar de imaginar qual seria a conversa entre quem poderia mesmo entender qualquer movimentação estranha, preferi fechar os olhos e dormir. Não deu certo. Logo fui acordada por um aviso que seria apenas o primeiro de muitos. Os 7.297 quilômetros por hora também não ajudavam, pois me faziam sentir vivendo contra as leis naturais da Terra.

Foi assim, na minha primeira viagem de avião, que desenvolvi o que mais tarde me acompanharia a cada voo. Cheguei a passar exatas quatro horas chorando compulsivamente quando precisei estar naquela situação sem companhia conhecida. Lutei contra. Usei técnicas de meditação, remédios com nomes estranhos e até li mais sobre o assunto. Ninguém pode duvidar das estatísticas, certo? Errado! Nada parecia fazer efeito.

Até que, uns quinze anos depois, enquanto partia rumo ao lugar em que mais desejei estar na vida, ouvi de um cara qualquer o que me fez sentir bem nesse exato momento: **"Para viver o novo, a gente precisa encarar os traumas antigos"**. Mal sabe ele que aquelas palavras fariam uma garota ser capaz de escrever um texto para o seu livro a bordo de um avião. Sem meditação, sem remédio, sem medo.

✱ VAI POR MIM

Chegou a hora de vencer o seu medo mais antigo. Comece hoje, agora, já!

floriano

De todos, a saudade é para mim o sentimento mais estranho. Entorpece, faz doer e, ainda assim, é capaz de aquecer um coração. Quem faz uma pausa para lembrar não se importa em não esquecer. **Quem não consegue esquecer lembra mesmo sem fazer uma pausa para lembrar.** De um beijo, de um rosto, de um gosto...

Eu me lembro dele. Olhos escuros brilhantes, cabelo castanho sempre penteado para trás, marcas no peito de quem sofreu, mas sobreviveu a várias batalhas. Meu avô era um desses caras que nem o melhor roteirista de Hollywood seria capaz de descrever.

Tivemos pouco tempo juntos nesta vida, bem menos do que eu gostaria, mas foi o suficiente para que minha memória registrasse cada minuto. A tarde na praia em que ele decidiu trançar meu cabelo inteirinho, o domingo no sítio em que me ensinou a plantar, as broncas com sotaque português que me fazem rir até hoje.

Não sou do tipo que confia em muito do que se diz sobre para onde vamos e de onde viemos, mas, se tem uma coisa na qual acredito, é que sobrevivemos através das lembranças. E da saudade.

✳ DO CORAÇÃO

Descreva em quatro linhas a pessoa de quem você sente mais saudade.

....
....
....
....

De fora

"OLHE A SI MESMO POR OUTRA PERSPECTIVA." Assim, de maneira bem simples. É só se imaginar como mero espectador da sua própria vida. Enxergar de fora, tentar ser racional.

Funciona como quando um amigo ou conhecido pede opinião sobre qualquer assunto: o trabalho que não vai bem, a resposta estranha que recebeu no Whatsapp, a vontade de dizer o que sente para alguém especial. O conselho que você daria?! É sua visão quando a perspectiva não inclui ninguém mais, ninguém menos do que você mesmo.

Pode acreditar que conseguir se afastar dos sentimentos, e usar apenas a razão para achar uma saída, seria a solução de grande parte dos nossos problemas. Mas não. **NEM SEMPRE O QUE RECOMENDAMOS É AQUILO QUE SOMOS CAPAZES DE FAZER.**

Dizem por aí que crescer ajuda, pois com o amadurecimento vem a serenidade para analisar cada fato com a frieza de quem não está vivendo. Pode ser. Mas só para alguns.

Outros vão sempre sentir, não importa a idade que tenham.

✳ PENSE BEM

Se você pudesse dar um conselho sincero para si mesma, qual seria?

....
....
....

Inesperadamente

sempre o melhor dia!

(O dia que muda tudo.)

Quando o celular toca e do outro lado da linha há alguém pronto para dar uma notícia que você nunca imaginou receber.

Quando o x define qual será a sua escolha para os próximos anos de estudo e carreira.

Quando a escolha do caminho dá um empurrão a mais para o destino.

Quando a decisão é tomada e o próximo passo é o recomeço.

Quando o primeiro beijo acontece, a mágica rola e dois viram um só.

Quando a viagem é interrompida e a necessidade de voltar é maior que a de ficar.

Quando as letras compõem frases e dão sentido ao e-mail, que poderia ser só mais um e-mail, caso não viesse acompanhado de um convite irrecusável.

Quando de uma conversa surge a força que faltava para tentar.

Quando, por mais dolorido que seja, o adeus se torna algo inevitável.

Quando se diz sim.

Quando se diz não.

O DIA QUE MUDA TUDO NÃO É UM DIA. É A VIDA!

✳ REFLITA

Tente se lembrar das três maiores reviravoltas que a sua vida já teve. Como elas aconteceram?

....
....
....

De novo

VOCÊ PERDOARIA UMA TRAIÇÃO?! Responder a essa pergunta sem questionar os "dependes" é quase a mesma coisa que não responder. Dizer sim ou não para uma questão que envolve muito mais que o quando, o onde, o como e o porquê só é possível para quem nunca viveu. Ou para quem teme viver novamente.

Se antigamente, quando ter internet na tela do celular era uma coisa impossível de imaginar, a vergonha era terminar uma relação e recorrer à separação, hoje a vergonha é continuar nela. Há tantas possibilidades...

A coisa toda só piora se, no calor do momento, em busca de algum suspiro de paz, a vítima resolve expor o que aconteceu. Do jeito dela, na voz dela. Aos olhos do mundo, a escolha de permanecer só parece ainda mais inaceitável.

Mas a verdade é que, das palavras, dos olhares, das promessas, dos carinhos, das conversas, de tudo o que foi vivido, só duas pessoas sabem. E mais ninguém. A decisão de tentar novamente nem é tão importante. Fundamental é escolher viver a sobreviver, estando juntos ou separados.

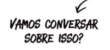

✳ PENSE BEM

Use este espaço para refletir sobre o assunto. Junto com a palavra "traição", quais outras devem aparecer dentro das nuvens?

Quero você

Não conseguir ficar sem. Pensar, querer, precisar. **O VÍCIO SÓ É POSSÍVEL DE SER ENTENDIDO POR QUEM SENTE.** Para todo o resto do mundo, é capricho.

Há os que fazem mal e até são capazes de tirar a vida. Há também aqueles que só alimentam a vontade de ter. Em todos os casos, não importa a intensidade, ferem. Machucam quem sente com a dor de não possuir o suficiente para conseguir ficar sem.

PARA MIM, O PIOR DE TODOS É O VÍCIO EM PESSOAS. A dependência de uma amizade, de um amor, de alguém que antes de existir parecia não ser importante, até que...

O peito fica pesado, os olhos, marejados. O desespero de pensar em ficar longe tenta enganar a consciência. É o primeiro passo para arranjar motivos e acreditar no que parece fazer todo o sentido: impossível existir felicidade longe.

A verdade? Como deve ser em toda relação de dependência, mais cedo ou mais tarde acaba. Os dias passam longos e o anoitecer é só mais uma lembrança ruim. **PARA QUEM PRECISA REAPRENDER A ANDAR SOZINHO, O ESSENCIAL É VOLTAR A SE AMAR.**

✳ VAMOS LÁ

Pratique o desapego! Que tal começar pelo guarda-roupa?! Separe pelo menos cinco peças que não usa mais e doe para quem precisa! :)

Respira e vai

QUANTAS VEZES NA VIDA SEUS PLANOS NÃO DERAM CERTO?!

Começou a chover quando o piquenique estava programado para acontecer ao ar livre. Atrasou o único voo que chegaria ao destino final na hora marcada. Ouviu-se não quando tudo o que se esperava era um sim. Acabou a grana bem no meio da obra. Terminou o namoro cheio de expectativas e promessas.

QUANTAS VEZES NA VIDA VOCÊ TEVE QUE LIDAR COM PLANOS QUE NÃO DERAM CERTO?

Recolha tudo e encontre um lugar que sirva como abrigo. Tente remarcar o compromisso e encontrar outra opção para embarque. Descubra que a negativa também pode ter um lado positivo. Trabalhe mais, lucre mais e continue. Deixe as lágrimas escorrerem até sentir que chegou a hora de enxugá-las.

QUANTAS VEZES NA VIDA VOCÊ PERCEBEU QUE OS PLANOS QUE NÃO DERAM CERTO NA VERDADE DERAM?

Havia mais gente por lá, e o que era para ser algo despretensioso acaba virando uma festa. Você se senta ao lado de alguém com quem troca algumas palavras, contatos e, mais tarde, momentos especiais. Ganha tempo para perceber o que queria de verdade. Olha em volta e sente que o esforço valeu totalmente a pena. Conhece a si mesma e passa a apreciar a melhor companhia de todas: a sua.

✴ PRA VOCÊ

Imagine que dentro desta caixinha há um presente que faria acontecer tudo o que você planejou para hoje. Qual presente seria esse?

QUANTAS VEZES NA VIDA VOCÊ PERCEBEU QUE OS PLANOS QUE NÃO DERAM CERTO NA VERDADE DERAM?

Pode falar

Já começo este texto avisando que as próximas linhas vão parecer uma grande maluquice de quem não tem o menor juízo na cabeça. Mas... Quantas vezes na vida você desejou falar outra língua? Não, não estou me referindo aos cursos de inglês ou às aulas de espanhol que você talvez tenha feito na escola. Penso em algo impossível de verdade, que professor nenhum seria capaz de ensinar.

Basta ouvir os barulhos, que pouco a pouco vão ficando agudos, insistentes, quase irritantes, para meu desejo aumentar ainda mais. Chego a questionar se aquilo é apenas uma forma desesperada de chamar a atenção ou se, do jeito dele, há mesmo uma tentativa de comunicação.

Entender um gato, ou cachorro, ou passarinho, ou qualquer outro animal que não fale uma língua que faça sentido para nós, humanos, é um desejo secreto que tenho desde criança. Até arrisquei emitir sons parecidos na época a fim de, sei lá, descobrir como funciona o dialeto animal, mas, como vocês já devem imaginar, foi totalmente em vão.

Pode parecer papo-furado, mas realmente me incomoda saber que jamais vou poder conversar com o Cookie (spitz alemão que também chamo carinhosamente de Rouxinol). Ou com o Pitty (salsichinha que ganhei quando fiz 14 anos e que hoje está tão velho quanto eu!). Ou com a Tita (a gatinha preta mais fofa que conheço). Eu realmente queria poder saber com exatidão o que eles pensam. Por ora, me contento em sentir.

✳ TRADUZA

Você tem um bichinho de estimação? Olhe dentro dos olhos dele e tente descrever em palavras o que imagina que ele esteja sentindo agora.

....
....
....
....
....
....

Sorte

E então eu me vejo ali, completamente inerte a qualquer tipo de controle. As cartas vão sendo reveladas sem que eu possa ao menos tentar adivinhar qual será a próxima. Tenho um perfil bem cético, daqueles que precisam de muitas provas até, finalmente, acreditar em algo. Mas, diante de um convite para conhecer o futuro, resolvi ceder.

A primeira reação é de desconfiança. Corro os olhos sobre cada detalhe da sala pequena a fim de encontrar algum deslize, um sinal que mostre a farsa que estou prestes a ver acontecer. Nada.

Aí a coisa toda começa pra valer. Fecha os olhos, faz uma pergunta, corta o baralho, espera. O senhor com idade suficiente para ser meu avô me olha do outro lado da mesa, abre a boca e diz o que jamais esperei ouvir. A verdade. Sobre muito. Sobre tudo.

Me limito a responder sim ou não para todas as perguntas e tento gravar cada palavra na memória. "Preciso me lembrar disso, preciso me lembrar disso", crio um novo mantra.

Fico chocada com as previsões, que envolvem muito do que sempre sonhei, e resolvo que vale a pena levar a sério. Nem que seja só pra ter esperanças e voltar ali quando elas se perderem.

✷ ME CONTA

Se você estivesse diante de alguém capaz de ler o seu futuro, o que gostaria de ouvir?

....
....
....
....
....

É o que dizem

Se for pra ser seu, volta.
O que é pra ser nosso ninguém tira.
Se não foi, é porque não era pra ser.

Uma vida inteira ouvindo os mesmos ditados. Com o intuito de continuar vivendo, superar, afastar a dor, nos apegamos a qualquer tipo de desculpa que faça um pouco de sentido. Não precisa ter carimbo de autenticidade nem comprovação científica: se trouxer um pouquinho de esperança, é encarada como a mais pura verdade.

Mas e se não for?

Não dá pra saber se alguém te pertence. Muito menos se vai pertencer para sempre. Nascemos sozinhos e assim temos condições de viver, independentes. É verdade que nem todo fim é mesmo para sempre, mas, se acabou naquele momento, não é mais saudável acreditar que não era pra ser seu?

E alguém consegue mesmo acreditar que, sem esforço, sem trabalho e sem dedicação, vai conquistar algo?

Agora, de todos, o último ditado citado acima é o mais sincero. Muito provavelmente por ser o mais óbvio também. Quer dizer, menos para os não conformistas. Esses, com certeza, farão algo para reverter a situação.

Em todo o caso, é sempre válido lembrar que águas passadas não movem moinho. Nunca.

✱ PARA BOM ENTENDEDOR...

Quais são os ditados que você mais usa? Agora pare para pensar no que eles querem mesmo dizer.

....
....
....
....

Coisa séria

Poucas sensações na vida se equiparam a essa. É como voar rumo a um novo destino, sentir na pele a reação boa de um carinho, sorrir.

No começo parecia ser coisa da idade, de quem ainda tinha muito o que aprender. Mas os anos se passaram e mantiveram intacta a minha devoção. Arrisco dizer que talvez as marcas da vida me tenham feito acreditar ainda mais nisso como poder.

O efeito é instantâneo. Respiro fundo e sinto a alegria daquele momento tomar conta de mim. Os problemas vão para longe, as preocupações parecem que nunca estiveram ali. Não importa onde eu esteja, quem caminha ao meu lado ou qual será o meu próximo destino: enquanto eu puder, insisto em fazer dessa uma rotina em minha vida.

Há quem julgue errado, prefira passar longe de tal capricho e entenda que assim vai conseguir ser muito mais realizado. Eu não concordo e insisto em dizer que exterior e interior compartilham do mesmo prazer: **é só usar a moderação para tornar tudo ainda mais especial.**

Pudim, doce de leite, quindim, bolo, brigadeiro, cocada, cupcake, beijinho... Dar uma boa mordida num doce é se permitir ser mais feliz.

✳ BRIGADA, DE NADA

Saboreie um doce delicioso agora! ;)

Para se encontrar

==Você já sabe o que fazer, sabe exatamente do que precisa==, mas continua ali, olhando firme para a tela do computador, esperando um milagre. A vida virou viver tudo o que não acontece de segunda a sexta, no horário em que se vê obrigado a ficar num espaço menor do que aquele em que caberia qualquer possibilidade de ser feliz.

Você tenta, luta, acredita. Prefere deixar a boca dizer palavras bem diferentes das que estão na sua cabeça. Mas isso não dura muito: é só se flagrar livre para fazer desse o principal assunto em qualquer conversa.

Você já cansou de ouvir os mesmos conselhos, que, de tão óbvios, soam repetitivos até quando está dormindo. Sonhar? Só se for com os trinta dias do ano em que se verá afastado de tudo isso.

Você ama o seu trabalho. Ou não. A questão principal é que, independentemente disso, odeia a forma como está lidando com ele. Odeia a forma como te obrigam a lidar com ele.

Você inventa desculpas. Acorda pensando em mil maneiras de, nem que seja por um dia, escapar daquele destino triste. Mas percebe que a solução temporária não vale a pena e se levanta para sobreviver.

JOGAR TUDO PARA O ALTO SERIA UM RISCO, MAS O QUE PODE SER PIOR DO QUE SE PERDER DE VOCÊ?

✶ RESPIRE FUNDO

Monte um plano de ação para mudar o que não está bom na sua vida: quais seriam os cinco primeiros passos?

1. ....
2. ....
3. ....
4. ....
5. ....

Nas nuvens

Ela gostava de romancear suas próprias histórias. Adorava quando alguém lhe perguntava sobre algo que vivera e fazia questão de contar tudo com os melhores detalhes.

Achava bonito ser assim. Era mais leve, mais romântico, igualzinho aos contos de fadas. Recitava cada pedaço de vida como se estivesse diante de uma plateia ansiosa por mais.

Lembrava dos episódios que envolviam belas vistas, daqueles em que a coragem venceu o medo e até dos mais apaixonados. Esses, aliás, eram os seus preferidos.

Sempre amou amar. **SE ENTREGAVA A CADA DELÍRIO DE PAIXÃO COMO QUEM SE LANÇA AO MAR SEM TEMER A INTENSIDADE DAS ONDAS.** E não temia. Esperava para ver se encontraria areia firme ou se continuaria ali, a nadar.

Desejava que, um dia, algo fosse bom o suficiente para virar livro, mas sabia que para isso teria que vencer muitas barreiras. Talvez estivesse perto de começar a escrevê-lo, sem nem perceber que tudo que contou a vida inteira já era o começo dele.

✶ NOVA PERSPECTIVA

Como você se descreveria se estivesse sendo vista pelos olhos de outra pessoa?

....
....
....
....
....
....

As coisas são o que são

Experimente registrar os seus dias, todos os dias, durante alguns dias. O exercício, até para os mais constantes, serve para perceber que o tempo não para. Ok, seu relógio sempre mostrou isso de forma literal, mas os ponteiros nunca foram capazes de reproduzir as mudanças de humor. Nem as de amor.

Se o coração parece ser do tipo que bate com a certeza de um sentimento, a cabeça está ali para lembrar de que não é bem assim. Sem que possamos nos dar conta, a pergunta se faz inevitável: **"O que aconteceu com a gente?"**

Depois dessa, surgem muitas outras questionando o que foi feito, o que foi dito. Mas nada, absolutamente nada, é mais forte e poderoso do que a realidade. Ali, diante de cada um, ela prova que fatos não podem ser desfeitos.

Talvez tenha mesmo a ver com a falta de cuidado, de maturidade, de carinho. Talvez seja só o tempo provando que, quanto mais tempo se tem para conhecer, menos chance de continuar amando.

✶ EXERCÍCIO

Durante um mês, escreva diariamente uma palavra que resuma bem tudo o que aconteceu nas últimas 24 horas. Volte e leia todas elas no mês seguinte!

1	2	3	4	5	6	7
8	9	10	11	12	13	14
15	16	17	18	19	20	21
22	23	24	25	26	27	28
29	30	31				

Crush digital

QUANDO TUDO O QUE VOCÊ ESPERA É UM LIKE, um emoticon, uma mensagem inbox. Quando tudo o que você sabe envolve uma foto de perfil, uma descrição na bio, um último post.

Gostar do outro nesse momento em que um clique pode mudar tudo parece ser bem mais fácil. Dá pra stalkear, dizer sem falar, dá pra pensar! Os caminhos nem precisam se cruzar de verdade se o match acontece a quilômetros de distância.

Por texto, por foto, por vídeo, por áudio... Uma relação inteirinha capaz de virar história se for impressa. A paixão nasce da vontade de estar junto, sem que se esteja de fato.

Muito se sabe e pouco se conhece daquele que diz eu te amo antes mesmo de sentir. A velocidade e a capacidade de amar vão ao encontro dos megas e dos gigas. Sem beijo, sem abraço, sem toque. O que falta? A realidade!

✴ ON/OFF

Que tal pensar nos prós e contras de estar num relacionamento virtual?!

PRÓS	CONTRAS

Game over

Se você já viveu um começo de relacionamento, provavelmente vai se reconhecer em algum ponto deste texto. Sabe aquele momento em que impressionar o outro é fantasiar um pouquinho sobre o que você é de verdade?! Quando **qualquer palavra é medida**, pensada, estritamente calculada para criar o impacto perfeito?!

Que saco! Entrar nessa prisão verbal que o "estamos só ficando" nos impõe é mais cansativo do que esperar pela oficialização do relacionamento de fato.

Você não pode parecer apaixonada demais, mas precisa dar a entender o que quer. **Você não pode ser sincera** caso não goste de algo, mas deve sempre expor suas vontades.

Atrás das grades, **o medo nos impede de agir como realmente somos**. E aí, com o tempo, vamos nos libertando e mostrando um lado ainda desconhecido que pode, ou não, revelar o que o outro espera.

Se a conquista é um jogo, desse jeito **todo mundo sai perdendo!**

✳ DO FUNDO DO CORAÇÃO

Imagine que você pode dizer absolutamente tudo o que sente para aquela pessoa especial, sem medo de julgamentos. O que você diria?

....
....
....
....
....
....
....

Linda, leve e loira

Para uma nova fase, um novo corte de cabelo. De verdade? Já que sou do tipo "nunca pintei, só aparo as pontinhas", sempre foi difícil acreditar nisso. Mas eis que, pela primeira vez na vida, senti a necessidade de mudar. De casa, de rumo, de visual.

Não que algo esteja errado com o que vejo no espelho. É mais uma questão de querer enxergar diferente. Resolvi que os fios mais claros vão servir para iluminar as ideias e fazer refletir alguém mais leve, que se preocupa um pouco menos com trivialidades.

Curtir os momentos em que me tenho como companhia, apreciar o sol que acaba de nascer, sorrir quando o nariz gelado do meu cachorro encontra minha pele, usar canetas coloridas para destacar os melhores trechos dos livros que amo, acreditar nas pessoas, me perceber quando os fios loiros que escolhi caírem pelo meu rosto.

Não sou boba a ponto de pensar que passar horas com tinta nos fios é capaz de transformar tudo, mas entendi o significado do que sempre ouvi por aí. **TRANSFORMAR-SE POR FORA PODE SER O PRIMEIRO PASSO PARA FAZER O MESMO POR DENTRO.**

TÃO MÁGICO SABER QUE A MINHA MUDANÇA FOI REGISTRADA EM VÍDEO!

http://kp.blog.br/cabelokp

✲ MAKEOVER

Pense agora na sua próxima mudança de visual. Como vai ser?

....
....
....

Consulta

Odeio ir ao médico. Veja bem: antes de você me tachar de ingrata, quero deixar claro que respeito muito quem passa anos a fim de estudar as complexidades do corpo humano e que, depois, topa vestir um avental branco e ver de perto o que pouca gente teria coragem. O fato é: ainda assim, odeio ir ao médico.

É impressionante como, independentemente da dor, só de me imaginar entrando num consultório sinto o corpo todo tremer. Também tenho pensamentos horríveis que envolvem péssimas notícias, e qualquer pedido de exame sempre vira uma sentença.

fico mal só de pensar

Sei que é bobagem minha. Afinal de contas, em poucos lugares eu estaria tão seguramente assistida quanto dentro de um hospital, mas convenhamos que não dá para ignorar as luzes brancas e as cadeiras alinhadas em fileiras. É tudo tão impessoal! Talvez a coisa toda mudasse caso houvesse uma musiquinha ambiente, quadros bonitos nas paredes, cheiro gostoso de flores...

Por enquanto o efeito tem funcionado bem: vou continuar fazendo de tudo para nunca ser mais uma na fila.

---

* BOTA PRA FORA

Revele agora um grande medo que insiste em atrasar a sua vida. Assumi-lo pode ser o primeiro passo para vencê-lo!

....
....
....
....
....
....
....

Se joga

Não acredito em amar aos poucos, ir se descobrindo no outro, viver lentamente para experimentar de pouquinho em pouquinho até o coração desejar mais. Gosto da constância de sentimento, de deixar crescer quando tenho vontade, da emoção do sentir.

Manter o controle só funciona se for para escolher qual canal de televisão assistir. Do contrário, vivo. Deixo que as lembranças dominem meus devaneios e permito que o outro assuma um papel importante até nos momentos mais banais. Acredito que assim, e só assim, sou capaz de descobrir a relevância que um novo amor tem na minha história. De ensinar, de preencher, de acrescentar...

Obviamente, a armadilha é igualmente proporcional, já que, se houver fim, ele será tão significativo quanto foi o começo. Mas não me importo. Prefiro aceitar o sofrimento a deixar de aproveitar um sorriso por puro medo. **Doses homeopáticas não são para mim.**

✱ INTENSÔMETRO

Na escala da intensidade, assinale onde você se encaixa.

⚡	⚡⚡	⚡⚡⚡	⚡⚡⚡⚡
se relaxar mais, eu durmo	tô de boa	quando me dou conta, já fui	eu me jogo mesmo!!!

NÃO ACREDITO EM AMAR AOS POUCOS

Todo mundo

SOU DAQUELE TIPO DE GENTE QUE GOSTA DE GENTE. Faço questão de compartilhar alguns dos melhores momentos da minha vida com pessoas e acho, de verdade, que todos os perfis são interessantes. Principalmente aqueles bem diferentes de mim.

Curto os tímidos, os que falam demais, adoro quando conheço alguém muito empolgado e sempre acabo me tornando amiga dos estranhos. Mas, se tem um tipo de pessoa que eu admiro independentemente de qualquer outra característica, é aquela que sabe o que quer e luta pelo que acredita. Com essas, as conversas duram sempre muito, muito tempo.

Pessoas que têm convicções me fascinam porque levaram um tempo para chegar lá e, até isso acontecer, refletem tanto que acabam criando teorias inspiradoras. Já questionei um vegetariano sobre a falta de opção na hora de escolher o que comer, já indaguei um religioso sobre as teorias da Bíblia, já discuti com uma pessoa politicamente engajada sobre as roubalheiras de que tanto ouvimos. As respostas são sempre muito, muito bem formuladas, às vezes até esclarecedoras.

Em quem eu confio de verdade?! Naqueles que aceitam outros pontos de vista e acrescentam novas perspectivas aos que já pensam saber. Esses, para mim, são os verdadeiros inteligentes.

✻ ME CONVENÇA

Defenda seu ponto de vista sobre algum assunto nas linhas a seguir. Anote a maior quantidade de argumentos que conseguir.

....
....
....
....
....
....
....
....
....
....

Há muitos anos...

De repente, a mesma pessoa que precisava esperar dezoito horas entre pedir uma ligação interurbana para a telefonista e poder, de fato, fazê-la se comunica por vídeo com alguém que está do outro lado do mundo. Em tempo real.

A mesma pessoa que imaginava as cores dos cabelos, vestidos e flores enquanto assistia a um filme pela televisão pode, se colocar óculos especiais, ver as imagens pulando da tela.

A mesma pessoa que fazia coleções de enciclopédias e gastava horas para aprender mais sobre algo pode descobrir absolutamente tudo sobre tudo deslizando o dedo indicador por uma tela sensível ao toque.

A mesma pessoa que demorava dias, talvez até semanas, e precisava enfrentar terra, céu e mar para chegar a um novo destino pode fazer o mesmo trajeto a 7.297 quilômetros por hora.

As mesmas pessoas que acham que podem tudo não param para pensar no quanto já puderam, e adoram acreditar que vão sempre poder mais.

✱ FUTURISTA

Qual invenção você gostaria de poder experimentar?!
Vale absolutamente qualquer coisa!

....
....
....
....
....

Excesso

Primeiro, é preciso analisar a situação e tomar muito cuidado antes de fazer qualquer escolha errada. Existem algumas técnicas específicas para que as coisas não fujam do controle, mas, geralmente, cada um desenvolve sua própria maneira de fazer dar certo.

Aí vem a parte em que o mínimo de organização é necessário. O que parecia razoável não funciona na prática, e algumas reavaliações acabam fazendo parte do processo. Isso quando a gente, mesmo percebendo que não vai funcionar, não tenta, tenta de novo, tenta mais uma vez até se ver praticamente obrigado a desistir. Apesar de tudo, tem coisas das quais não abrimos mão: seria impossível ser feliz sem elas.

No final, todo o tempo investido é recompensador. Se dar conta de que fez diferença ter sido precavida e talvez até um pouco chata deixa o coração bater tranquilo.

Qualquer semelhança entre arrumar as malas antes de uma viagem e se entregar a um novo amor não é mera coincidência...

✳ CHECKLIST

Caso fosse partir para uma longa viagem amanhã, o que você faria questão de levar?

☑ câmera fotográfica

Apaga a luz

O ESCURO SEMPRE ME DEU MEDO. Estar de olhos abertos e mesmo assim não conseguir enxergar nada é algo com o qual não consigo lidar. De vez em quando, crio coragem e tento, mas a agonia me contamina e eu me vejo apertando o interruptor o mais rápido que posso.

juro que eu sou adulta! haha

Antigamente eu costumava fingir que não precisava dormir. Assim tinha desculpa para deixar o abajur aceso até a hora em que meu corpo não suportasse mais e fosse obrigado a descansar. Aí, e só aí, eu pegava no sono.

Eu gostaria de poder dizer que, com o tempo, descobri que aquele sentimento era só coisa de criança. Queria contar sobre como fui superando o medo aos poucos até chegar ao alto dos meus vinte e nove anos completamente blindada contra o escuro. Mas tudo isso simplesmente não aconteceu.

Criei técnicas para driblar situações constrangedoras como me ver obrigada a dividir o quarto de hotel durante uma viagem a trabalho e fiz do ato de fingir esquecer a luz do banheiro acesa minha especialidade. A cada tentativa, entendi que, vez ou outra, não conseguimos superar nossas agonias. O jeito, então, é aprender a lidar com elas.

- -

✸ QUERIDA EU

Escreva uma carta para você mesma em que revela um sentimento que gostaria de superar.

....
....
....
....
....
....
....
....
....
....
....

Pronto! Agora que você botou pra fora, pode acreditar: o primeiro passo já foi dado.

Conto de fadas

A gente se apaixona, acredita e ama. Ama como se fosse a última vez, para sempre, definitivamente. Quem vive uma paixão se entrega ao que pensa ser a realidade. Vamos construindo uma história que mistura muito do que queremos com o que realmente temos, e aí é um passo para se entregar.

Acontece que o tempo traz também o conhecimento, e, quanto mais próximos ficamos de quem escolhemos estar, menos acreditamos naquela ilusão. Os dias, meses e anos nos mostram, minuto após minuto, com quem lidamos. A verdade aparece na nossa frente sem filtros ou máscaras.

Há quem perceba grandes diferenças e resolva partir, mas existem também aqueles que preferem ficar. Nos casos em que a primeira opção acontece, geralmente é uma questão de problema na convivência. Na segunda opção, justamente o contrário: ficar junto é melhor do que sozinho.

AS HISTÓRIAS NÃO PRECISAM SER LONGAS PARA SEREM DE AMOR.
Porém, quanto mais duradouras, mais chances de serem reais.

✳ <3

Qual foi a história de amor mais linda de que você já teve notícia?

....
....
....
....
....
....

AS HIST[ÓRIAS]
NÃO PRECIS[AM]
[DE SER] LONGAS
SEREM DE[MAIS]

Alice

Minha avó é uma senhora fofinha. Cabelos branquinhos, mãos enrugadas, olhos que se escondem apertados por trás de tudo o que já viram na vida. Envolta pelo rádio antigo, pelas máquinas de costura e por uma foto do dia em que arrumou o cabelo no salão de beleza (e se casou com o meu avô), ela está sempre pronta para me receber.

Às vezes esqueço de ligar, às vezes atendo rapidinho e concordo com tudo porque preciso prestar atenção nas obrigações do dia antes que os prazos acabem. Mas sempre me lembro dela.

Lembro de quando ela me deixou acampar no meio da sala e levou bolinhos de chuva para dentro da minha barraca feita com lençóis.

Lembro dos presentes de Natal, que vinham sempre com um cartãozinho que escondia o presente de verdade.

Lembro do dia em que ela me revelou a maior arma de conquista que uma garota tem na vida: o olhar.

Lembro de quando me disse, hoje de manhã, que tudo o que ela mais quer é que eu seja feliz.

E assim será. Pelo menos enquanto pudermos caminhar juntas, eu, ela e as lembranças.

✴ PENSE!

Como você se imagina daqui a cinquenta anos?

....
....
....
....
....
....
....

A playlist da vida

São quatro ou cinco minutos em que o seu corpo entra em sintonia com aquele som. Calmo, agitado, romântico ou feliz, não importa. Uma onda de sensações e sentimentos invade a cabeça (e por que não dizer o coração) de quem escolheu o que ouvir. O play é mágico.

Ele é capaz de fazer lembrar uma pessoa, um cheiro, um lugar, um acontecimento, uma fase. Melhor do que qualquer outro remédio para o esquecimento, ouvir música é viajar no tempo e dar sentido para algo que a mente quis esquecer.

SANDY E JUNIOR: Quando quero lembrar do tempo em que eu passava horas no telefone com o Daniel e tinha coragem de perguntar a cor do elástico que ele estava usando no aparelho dos dentes.

KATY PERRY: Quando meu trabalho parece não ter fim e eu resolvo lembrar do motivo de ter escolhido misturar as palavras como profissão.

THE STROKES: Quando sinto vontade de viajar de novo com a minha melhor amiga para Nova York, igualzinho à primeira vez em que descobri o valor de um carimbo no passaporte.

WARPAINT: Quando é tudo de que preciso.

LILY ALLEN: Quando gosto de sentir que posso ser qualquer coisa, e que as tardes estão mais ensolaradas só para mim.

BEYONCÉ: Quando quero me teletransportar diretamente para as gravações de um videoclipe em que eu sou uma diva de cabelos ao vento que usa botas de salto alto e muito paetê!

PARA OUVIR ENQUANTO LÊ

✲ LIGA O SOM

Dê o play no QR Code e saia dançando pela casa!

Diga

Na teoria é só tomar ar, abrir a boca e deixar as palavras saírem.

NO GRITO. A altura do que acreditam se sobrepõe a qualquer possibilidade de calmaria. Seja por indignação, falta de recursos ou pura questão de personalidade.

NO JEITINHO. Sorrisos tortos, jogo de erros e acertos. Dá sempre pra ser simpático o suficiente, sedutor o suficiente.

NA BASE DO ARGUMENTO. A verdade é o conjunto de fatos apurados e estudados a fundo. E, ainda que não sejam, há uma justificativa perfeita sendo elaborada para cada possível sinal de discórdia.

NA PRÁTICA... Se fazer ouvir, definitivamente, não é um troço fácil. Dar voz a ideias e pensamentos muitas vezes pode ser mais complicado do que chegar a uma conclusão.

✱ É A SUA HORA

Use estas linhas para escrever sobre um assunto do qual quer muito que as outras pessoas deste mundo saibam:

....
....
....
....
....
....

A verdade

Pare e pense no jeito injusto como nos obrigaram a perceber o amor. Cenas românticas nos filmes e beijos apaixonados nas novelas. O casal até briga, mas logo acontece uma reconciliação daquelas que nos fazem acreditar que discutir pode ser bom. Não, não é!

Nos capítulos da vida real há ausência, há dor, há dois seres humanos tentando achar respostas e dividir perguntas. Saber perdoar, saber ouvir, saber amar... Mas quem ensina? Nos livros não existem fórmulas mágicas. É preciso ouvir mais do que ler. É preciso conviver a viver.

Personagens com histórias construídas que se desconstroem à medida que os dias passam. Os dias, aqueles que trazem e levam a paixão.

Entre um suspiro e outro há espaço para sentimentos que ainda não foram explorados.

Namorar vai além de alterar o status nas redes sociais e achar que tem alguém dali para a frente. Quem namora não está mais sozinho, mas precisa estar. Para se encontrar e, quem sabe, ser encontrado.

✱ SÓ VOCÊ

Reserve um dia para curtir sua própria companhia.
O que você vai fazer nesse dia? Aonde vai?

....
....
....
....
....
....
....

O gosto

Quantas vezes na vida, entre todas as possibilidades de sentir, foi o arrependimento que entrou na consciência sem ser convidado? Por ter falado, ou não. Por ter vivido, ou não. Por ter ido, ou não.

A sensação é bem parecida com o primeiro gole de um café sem açúcar. Faz os pelos do braço arrepiarem, faz os olhos fecharem apertados, faz o coração parecer ter dado um nó.

Demanda tempo superá-lo, e, mesmo que haja vontade, nem pense em criar teorias para esquecê-lo: qualquer tentativa de afastar tal pensamento só o traz mais à tona. Sorte daqueles que conseguem fazer da situação um impulso para agir de novo. Só que diferente.

<u>Quem se arrepende nem sempre preferiria não ter vivido</u>, mas com certeza sabe que existe consequência para uma decisão errada. E, geralmente, ela é bem amarga.

✳ PUXA NA MEMÓRIA

Quais são os três maiores arrependimentos que você já viveu? Se tivesse que descrevê-los com sabores, quais seriam eles?

....
....
....
....
....
....

Reality

==Uma vez ouvi uma história maluca sobre o porquê de os manequins nas lojas não terem cabeça:== é tudo uma questão de projeção, oras! Ao ver uma combinação de peças lindas, você, que está do outro lado da vitrine, imagina seu rostinho ali e deixa falar muito mais alto o impulso de comprar. **Genial!**

Aí, senti o mesmo ao fazer algo de que gosto muito: assistir a programas de televisão em que pessoas reais mudam suas vidas por algum motivo. Quantas vezes me vi torcendo, apontando o dedo para a tela e dizendo o que eu faria em cada uma das situações... Lá estava ela, a tal da projeção, me fazendo acreditar que aquelas pessoas eram tão normais que poderiam ser eu!

Não sei quem é o brilhante autor dessa teoria, mas eu queria muito poder conversar com ele sobre os outros âmbitos do dia a dia em que ela se encaixa. Talvez fosse mais fácil para entender os conselhos dos amigos, as fofocas no salão de beleza e os pensamentos de que sempre achamos que sabemos o que seria melhor para o outro, mas nunca para nós mesmos.

✷ SE FOSSE BOM...

Qual seria o melhor conselho que alguém poderia te dar neste momento?

....
....
....
....
....
....

De verdade

TUDO ACONTECEU DE FORMA COMPLETAMENTE INESPERADA. Antes mesmo que eu pudesse notar, me vi consumida, inebriada, completamente apaixonada. Os dias eram longas esperas, as horas pareciam só existir para que eu pudesse pensar nele.

Eu vivia situações imaginárias, construía nossos diálogos idealizando até as expressões faciais. Tudo era exatamente como eu sempre sonhei: o jeito de falar, de se vestir, de mexer os fios castanhos do cabelo meio comprido para o lado.

À NOITE, TUDO PIORAVA. Do escuro do meu quarto, eu sentia meus pensamentos viajarem. Era sempre a mesma coisa: ele me conheceria, nós descobriríamos vários gostos em comum e, ao som de uma música que mais tarde chamaríamos de nossa, os lábios se encontrariam num beijo.

Essa mesma imagem me fez pegar no sono durante muitos meses. Até que um aluno novo entrou na escola e ocupou a cadeira que ficava bem ao lado da minha. Meus antigos pensamentos foram sendo tomados por outros novos, só que, dessa vez, por uma pessoa real.

✷ FICA ENTRE NÓS

Crie a sua cena perfeita de amor (com muitos detalhes, por favor!).

....
....
....
....
....
....

Ele

Ver o mundo através dos olhos dele não era fácil. Um poço de sentimentos e ressentimentos escondido atrás da carcaça de quem sente medo. Viver já tinha sido bom, mas também dolorido. **Era melhor inibir do que se arriscar.**

Por muito tempo, preferiu sonhar só. Não que estivesse realmente sozinho, mas sabia que essa era a sensação que precisava ter. Seguiu seu caminho, escolheu em qual esquina virar e andou. Andar era algo de que gostava muito, pois podia pensar, e, quando pensava, era capaz de se aproximar do que estava por dentro sem demonstrar por fora.

Fez amigos, construiu parcerias, trabalhou e mudou de emprego. Gostava de aprender e **tinha paixão por ensinar**. Sua filosofia de vida era assunto que rendia sempre as conversas mais importantes e sinceras. Falar nunca foi problema; falar a verdade sobre muito, sim.

Com o aniversário mais recente, veio também a vontade de criar raiz. **Ter um lugar no mundo para chamar de seu** era o primeiro passo de algo grandioso o suficiente para mudar o rumo da história. O que acontece daqui pra frente ainda não se sabe, mas do outro lado alguém espera para saber se será com ela.

✳ ESTÁ NAS SUAS MÃOS

Dê um final para essa história.

....
....
....
....
....
....

Cicatriz

"Mas é pra sempre!" Foi o que me flagrei dizendo ao justificar o medo de entregar meu braço esquerdo ao tatuador. Veja bem. **JÁ PASSEI DA FASE DE NÃO ACEITAR QUE MINHA VIDA TERÁ FIM UM DIA.** Sei como é feita a história de nascer, crescer e morrer e já aprendi que, ainda que pareça, coisa nenhuma vai perdurar até o fim dos tempos. A não ser uma tatuagem. E não me venha com a possibilidade de remover a laser. Doi, é caro, demora e nem sempre funciona.

POR QUE, ENTÃO, SE TATUAR? Ué, para marcar uma fase da vida, eternizar um momento que pareceu importante demais para ser esquecido.

E SE EU MUDAR DE IDEIA? E se algo acontecer no meio do caminho e eu decidir que não, não quero mais olhar para minha própria pele e lembrar?

Aí você se arrepende e aprende a conviver com aquilo. Inventa outro significado maluco. Tatua algo por cima. Passa maquiagem. Evita usar óculos de grau para não enxergar direito.

Estendi o braço e deixei acontecer. Foi só então, quando olhei para o desenho, que um detalhe importante fez sentido para mim: há outras marcas gravadas em lugares que os olhos não podem ver. O que fica para sempre não são os rabiscos na pele, mas as lembranças que temos do mundo e as lembranças que o mundo tem da gente.

✳ PARA SEMPRE

Se você pudesse fazer uma tatuagem hoje, como seria? Rascunhe!

Ritmo

O meu mundo é dividido entre dois tipos de pessoas:

As que gostam de dançar.
Deixam o som ser sentido na pontinha dos dedos dos pés. Vão mexendo. Timidamente, sentem os músculos se contraindo e relaxando ao mesmo tempo. Aumentam o volume, cantam junto no refrão. Explodem. Levam as mãos para onde a cabeça não consegue chegar, fecham os olhos, balançam cada fio de cabelo. Permitem que a vibração das notas entre pelos ouvidos e faça sentido na consciência. Externam toda e qualquer sensação para o mundo, mesmo que sem coordenação. Sabem que talvez serão julgadas, mas nem se importam muito. Não têm vergonha.

As que não gostam de dançar.
Deveriam tentar.

posso te ajudar com algumas sugestões?

✸ JÁ SABE

Coloque uma música em volume bem alto (vale usar fone de ouvido) e dance como se não houvesse amanhã!

Na mesma

De quem está apaixonado.
A respiração fica ofegante, o coração bate mais rápido, as mãos começam a suar independentemente da temperatura que esteja lá fora. As palavras? Saem da boca quase que sem fazer sentido, atravessadas, impensadas. Seu lado mais impulsivo aparece sem ser convidado e impede que você seja racional o suficiente para pensar antes de agir. As emoções parecem novas, como se estivessem sendo vividas pela primeira vez. É difícil controlar os pensamentos.

De quem sente raiva.
A respiração fica ofegante, o coração bate mais rápido, as mãos começam a suar independentemente da temperatura que esteja lá fora. As palavras? Saem da boca quase que sem fazer sentido, atravessadas, impensadas. Seu lado mais impulsivo aparece sem ser convidado e impede que você seja racional o suficiente para pensar antes de agir. As emoções parecem novas, como se estivessem sendo vividas pela primeira vez. É difícil controlar os pensamentos.

O que muda entre uma coisa e a outra são só as lágrimas e os sorrisos.

✳ AMOR/ÓDIO

Imagine duas versões de si mesma: uma apaixonada, outra com raiva. Tente descrever cada uma delas usando palavras soltas.

Minha casa

Há móveis branquinhos, há plantas coloridas, há quadros pendurados, há objetos fofos que eu trouxe das viagens mais legais que já fiz. Meu lar tem as cores e os cheiros de que mais gosto, e é dentro dele que eu vivo os meus sonhos, vontades, medos, paixões...

Esses dias me flagrei imaginando, então, como seria decorado o lugar onde nasce tudo isso. Será que minha mente também é dividida por cômodos, tem estantes e armários cheios e, de vez em quando, precisa de pintura para parecer mais nova?

E se, igualzinho fiz recentemente com o meu quarto, eu pudesse mudar?! Trocar as memórias de lugar, reorganizar os pensamentos, escolher onde é melhor receber cada um dos convidados que resolvem aparecer nos meus dias? Lá haveria uma sala especial só para guardar as melhores frases dos livros que já li e um espaço bem pequenininho para trancar todas as inseguranças.

Mesmo que ninguém veja, vale a pena manter organizada a nossa cabeça. Nessa casa, que está sempre com a gente, mora o que realmente importa.

✳ PENSE

Vamos dividir sua cabeça em cômodos que, juntos, formam a sua casa dos sonhos. Como seria cada um deles?

COZINHA	SALA	QUARTO	BANHEIRO	VARANDA

Sinalização

Quem foi que disse que ricos não ficam sem dinheiro, que famosos não viram anônimos, que humoristas não choram? Criar um único conceito para qualquer coisa é ignorância! Não é porque deu certo com você que dará para mais alguém, não é porque deu errado com o vizinho que o mesmo acontecerá igualzinho sempre.

Na tentativa de encontrar respostas, justificar erros, simplificar o que demanda esforço para ser compreendido, julgamos ser necessário conhecer exemplos. Mas a verdade é que cada um de nós tem um rosto, um gosto e uma trajetória. Usar qualquer depoimento como parâmetro só é válido se, no final, a decisão for sua. E de mais ninguém.

Melhor do que se basear no outro é aceitar que não existem regras quando não se podem ver placas!

✳ SINAL VERMELHO

Escreva dentro das placas as regras que você criou para si mesma. Agora pare e pense: será que elas realmente ajudam a percorrer seus caminhos?

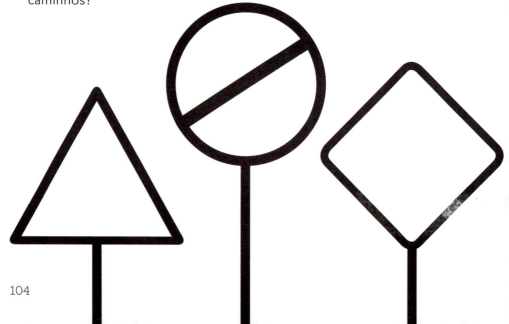

ESPERANDO O BEIJO E A CALMARIA

O monstro de olhos verdes

E então você se vê consumido, inebriado, sufocado. É como se o coração estivesse sentado abraçando as próprias pernas. Sair dessa posição? Praticamente impossível. O ciúme paralisa quem o encontra e é capaz de provocar reações atípicas, daquelas que antes foram julgadas como loucura.

Não se sabe bem como acontece. O sentimento é tão forte, tão intenso, que vira obsessão: pelo desejo de descobrir, de controlar, de possuir. A certeza se transforma em incerteza, o amor em amargura. Só quem já se viu inventando mentiras para justificar um ato desesperado de ciúme é capaz de entender tamanha dor.

Culpado ou não, o alvo é mero coadjuvante. É na cabeça do ciumento que a cena toda acontece. O primeiro ato é o da revelação, o segundo, o da ira, o último, o da justiça. Ficar sozinho? São só palavras que saem da boca com a mesma rapidez com que as lágrimas escorrem pelo rosto. Ambas pensadas, esperando o beijo e a calmaria.

Mensurar qualquer tipo de insegurança seria bobagem. **QUEM TEM CIÚME ACREDITA TER RAZÃO.** E talvez tenha. Se não tem, afasta, prejudica. O ciumento sabe, mas não liga.

Não sei qual é a cura comprovada, mas sei que não quero mais sentir.

✳ S.O.S.

Esse coração em branco precisa de mais palavras boas que façam o ciúme desaparecer. Você pode ajudar?!

1987

Até então tudo parecia divertido demais, grande demais, novo demais. Quando se mudou para aquele que seria seu lar, acreditou que podia tudo. Morar sozinha estava nos planos há tempos, e ver se concretizar a vontade de ser independente era delicioso.

A primeira semana passou e o medo também. Na segunda, foi preciso aprender o que antes nunca fora necessário saber. Aí chegou o fim do mês, e com ele as contas. Assim, dia após dia, a novidade virou rotina.

Improvisa dali, pega o jeito aos poucos, e, sem que tomasse consciência, assumiu uma nova versão de si. Mais responsável, muito menos tolerante. Quando se é dono do seu próprio espaço, ainda que ele seja pequeno, longe, diferente do que era esperado, é natural que algumas coisas mudem. Naquele caso, foi a capacidade de dizer não. Para o que não gostava ou não queria.

E foi quando preparou o próprio jantar, arrumou a mesa e curtiu o sabor do café que adoçou com duas pequenas colheres de açúcar que se deu conta: agora ela era uma adulta.

✳ SWEET HOME
Coloque dentro desta casa tudo o que você acha indispensável para a felicidade de alguém que mora sozinho!

Seu Roberto

NOSSOS CAMINHOS SE CRUZARAM COMPLETAMENTE AO ACASO. Eu o avistei quando ainda estava longe, andando a passos curtos. Notei que os botões de sua camisa haviam sido abotoados na pressa e que um deles estava na casa errada. Ele parecia feliz segurando uma guia, que terminava em um cachorro de pelos claros.

PENSEI EM MIL FORMAS DE ABORDÁ-LO. Motivada por uma curiosidade que eu não entendia bem como havia crescido em mim, fui torcendo para que ele se aproximasse. Não precisei fazer esforço. Parou na minha frente e levou os olhos ao encontro dos meus.

ELE TINHA 87 ANOS e estava passeando pelo bairro com a cadela que mais tarde descobri se chamar Bela. Ela fora um presente dos filhos logo após a partida daquela que havia sido sua esposa por metade da vida. Falamos sobre como era bom, para alguém que mora só, ter um animalzinho em casa, sobre a sopa de legumes que ele costumava fazer e também admiramos juntos a tarde ensolarada que iluminava o nosso bairro.

Nos despedimos, e, antes que eu pudesse virar as costas, ele me agradeceu. Não entendi o motivo. "Por perguntar o meu nome. Sempre querem saber só o dela", respondeu, apontando para baixo. Sorri e fui embora aliviada por ter um bom título para este texto.

✳ OLHE

Preste atenção nos detalhes a sua volta. Tente descrever em quatro frases as pessoas mais interessantes que seus olhos alcançarem.

....
....
....
....
....
....

Boas novas

É fato que existem milhares de maneiras de se tornar inesquecível para alguém. Ser um antigo amor de verão, um amigo querido, uma boa professora da época de escola... Mas tem um jeito que, passe o tempo que passar, será sempre o mais lembrado por todos.

O portador de boas notícias pode mesmo escolher assumir outras faces depois de fazer seu trabalho, mas, ainda assim, fica para sempre marcado na memória de quem o ouviu. Ser o responsável por contar algo capaz de mudar para melhor o dia, a vida ou simplesmente o humor de alguém é um presente daqueles que nem todo mundo percebe que ganhou!

O motivo? Não ser ele o agraciado.

Mas é só parar pra pensar um pouquinho e entender que, na verdade, o processo todo é maravilhoso. Ter a chance de levar o bem, ainda que não tenha sido feito diretamente por você, é o tipo de coisa que vale a pena saborear aos pouquinhos.

Então, quando alguém que foi comunicado sobre uma cura inesperada, uma promoção no emprego ou uma gravidez sonhada tem a chance de fazer algo parecido por outra pessoa é que a corrente do bem faz ainda mais sentido neste mundo.

✳ LEMBRE-SE

Quantas vezes você recebeu uma boa notícia e quantas teve a chance de ser o informante?! Conte as melhores aqui!

....
....
....
....
....
....
....

Eu e vocês

"Oi, Karol, tudo bem?
Não sei se lembra de mim, mas sou a fã que, há uns anos, você realizou o sonho de te conhecer.
Eu estou aqui para dizer que hoje, em especial, me lembrei com enorme carinho de você. Falta menos de uma semana para eu começar o curso de jornalismo, e ver que esse sonho se concretizou daquele ano pra cá me fez a pessoa mais feliz do mundo!
Eu mudei muito, cresci, amadureci, mas sempre tive a certeza dentro de mim do jornalismo. E devo muito disso a você!
Eu sei que tanto no meu primeiro dia de aula quanto em qualquer outra ocasião, quando perguntarem daonde surgiu a vontade de escolher essa profissão, vou citar seu nome com muita convicção do que falo.
Sou testemunha de como expor ideais e comportamentos positivos e verdadeiros, como você faz, influencia pessoas que se identificam, e isso traz uma pitada do seu brilho no meu dia a dia e também no de várias outras garotas.

Um SUPER obrigada de uma futura jornalista para uma jornalista.
Beijo, Luiza Lanna"

O melhor dos presentes é aquele que chega na nossa caixa de entrada sem que a gente espere, mas é capaz de fazer absolutamente tudo valer a pena!

✳ ESPALHE AMOR

Vamos fazer o bem pra mais alguém?! Que tal mandar uma mensagem fofa pra quem você admira? Valendo!

Shiu!

só li verdade

<u>Aprender a guardar segredos é o tipo de coisa que deveria ser ensinado na escola.</u> Sim, uma matéria inteirinha dedicada a entender o porquê da importância de se manter fiel a alguém que confidenciou algo, as vantagens de ser uma pessoa confiável, técnicas de respiração para praticar quando vier a vontade de contar o que ouviu...

Pare pra pensar na quantidade de vezes em que você mesmo conseguiu essa proeza. Só estão valendo aquelas em que manteve tudo em absoluto sigilo, sem nem mencionar algo que desse a entender o que você sabia. Foram poucas, né?!

Por melhor intenção que se tenha, é mesmo difícil viver com esse peso. Principalmente se a tal revelação for capaz de mudar o rumo de alguma grande história. De amor, de amizade, de vida. Deter informação não é pra todo mundo, mas deveria ser. O resultado? Termos de confidencialidade que, a partir do momento em que são assinados, passam a valer dinheiro. Isso mesmo, dinheiro!

O que pouca gente para pra pensar é que nem mesmo comprar o silêncio de alguém adianta. É só o próximo a ouvir jurar guardar segredo.

✷ GRADE CURRICULAR

Na sua opinião, quais outras matérias facilitariam a vida se fossem ensinadas na escola?

....
....
....
....
....

NÃO EXISTE TEMPO PARA UM CORAÇÃO

Vermelho

Não existe tempo para um coração. Ele não ganha rugas, não cresce. Não precisa encarar a sala de espera de uma clínica de estética. Ainda que possa acabar doente, fica por dentro, em silêncio. Você nem sempre sente, mas ele está lá, acelerado quando quer dar o recado, passando despercebido em dias comuns, cumprindo a função de nos fazer presentes.

QUEM FOI QUE DECIDIU CULPAR O CORAÇÃO? PELAS DORES, PAIXÕES, PELAS LEMBRANÇAS E ESPERANÇAS? Quem decretou que ele seria o único a ter um formato ilustrativo e levaria o peso do sinônimo de amor? Por que o coração?

As mãos nos aproximam, os pés nos fazem chegar, os olhos são os responsáveis pelo primeiro contato. Há tantos outros detalhes que poderiam estampar os cartões de Dia dos Namorados...

Me digam, então: por que responsabilizar o pobre coração por tanta coisa?

A condição é que explica tudo: só se pode viver quando se tem um. Batendo.

✳ GIVE YOUR HEART A BREAK

Vamos dar um tempo para o coração? Imagine que outras partes do seu corpo significassem amor. Quais seriam elas? Por quê?

....
....
....
....
....
....

Segredo

O QUE ESTÁ PASSANDO PELA SUA CABEÇA NESTE EXATO SEGUNDO?

A mensagem que ainda não foi respondida? A prova que não teve o resultado esperado? Fome? Vontade de largar tudo e mudar de emprego? Alguma tarefa que esqueceu de fazer? Saudade daquele beijo? A frase de um livro antigo?

Mesmo que existissem mais mil chances para acertar, talvez a resposta exata nunca viesse. E sabe o que isso significa? Que ninguém, absolutamente ninguém tem o poder de entrar na sua cabeça e ler os seus pensamentos.

Fica tudo armazenado. E, ao mesmo tempo em que a maior vantagem dos seres humanos é conseguir que a boca diga algo diferente do que está passando na mente, é também a pior armadilha.

Alteramos sentimentos, escondemos quem somos, nos pintamos como achamos que é mais conveniente. **AOS POUCOS, CRIAMOS UMA NOVA VERSÃO MELHORADA E NOS PERDEMOS DE NÓS MESMOS.** A não ser pelo que está ali, guardado dentro dos pensamentos de cada um!

- - - - - - - - - - • - - - - - - - - - - • - - - - - - - - - -

✳ EXPECTATIVA ✕ REALIDADE

De um lado escreva o que você diz; do outro, o que pensa de verdade sobre o mesmo assunto.

Senhor Coragem

Os ponteiros do relógio mostravam que já eram mais ou menos duas da manhã. Quase não se viam luzes acesas, e o pouco barulho que vinha da rua não incomodava: alguns cachorros latindo e carros passando.

Tirei as almofadas que ocupavam espaço demais na cama e resolvi que havia chegado a hora de deitar. Como sempre, virei para um lado, depois para o outro, me ajeitei e fechei os olhos. Senti o sono chegando até que algo incomum aconteceu.

Uma voz, alta e potente, veio me tirar do estado de descanso. Lá fora, alguém cantava uma música linda, de forma igualmente bonita. Veja bem: não era nada parecido com o que faço quando estou debaixo do chuveiro. Estava mais para audição do *The Voice*. Foi ficando mais perto, mais perto e mais perto, até dar a impressão de estar ali no quarto comigo. Era tarde, mas achei que aquilo só podia ser um presente e resolvi aproveitar.

Estava totalmente envolvida **até que o primeiro xingamento veio**. No total, foram seis pessoas gritando pela janela, ameaçando chamar a polícia caso o cantor não parasse de mostrar seu talento. Fiquei chateada. Em tempos de fone de ouvido, cantar pra todo mundo deveria ser sonho, não pesadelo.

✷ ADIVINHE

Qual música você imagina que o homem do texto estava cantando? Por quê?

....
....
....
....
....

Enxurrada

Quando eu era criança, alguém me disse durante uma tarde chuvosa que toda aquela água era o choro do céu. Fiquei impressionada, mas achei a justificativa ótima, levando em conta o tamanho da imensidão azul. Durante anos registrei o que ouvi como verdade absoluta. Eu amava imaginar o que havia acontecido a cada garoa ou temporal.

Eu tinha certeza de que, algumas vezes, o céu devia ter levado uma baita bronca e estava mal por não saber como consertar o estrago. Em outras, parecia ser aquele choro rápido de quando se bate o dedinho do pé na quina da cama. Quando eu conseguia fazer meu barquinho de papel descer sobre as águas calçada abaixo, aí era certeza: só podia ser tristeza de amor.

Por muito tempo foi assim. Eu e minhas teorias malucas para os meses de seca, para os primeiros dias do ano, quando o céu parecia mesmo estar bem chateado, para as tempestades fora de época.

É claro que, depois das aulas de ciências, entendi melhor o processo de condensação e a verdade sobre o motivo de as nuvens ficarem escuras quando está para chover. Mas uma coisa ficou para sempre: coragem para chorar mesmo quando todo mundo está vendo.

✳ SUA VEZ

Tente se lembrar das duas últimas vezes em que chorou.
Descreva em detalhes os motivos.

....
....
....
....
....
....
....

Look do dia

Casual para os dias comuns, imponente para as comemorações importantes, divertida se a ocasião permite... Somos meros cabides desfilando por aí cores, texturas e estampas que adoramos chamar de nossas, ainda que tenham sido parceladas em muitas vezes no cartão de crédito.

Toda uma vida escolhendo e experimentando, vestindo e trocando para, no fim, dizermos ao mundo sem precisar falar. E não se engane caso seu estilo seja considerado básico: **camiseta branca e calça jeans também têm muita representatividade.**

Os gostos vão mudando, as tendências também, mas a grande transformação acontece mesmo é com o tempo. E nem precisa ser muito tempo. A cada ano, uma nova coleção pessoal é criada por cada um de nós com um acessório adquirido aqui, um sapato comprado ali, uma camisa que chegou embrulhada para presente.

O mais fascinante?! São as peças que ficam entre uma temporada e outra. A grande graça é que ninguém é capaz de desvendar os segredos que esconde um guarda-roupa.

✲ SONHAR É DE GRAÇA

Qual é o seu maior desejo de consumo fashion? Uma bolsa? Uma blusa? Um sapato? Cole a foto da peça aqui.

Indiscreta

São cinco janelas no total. Bem diante dos meus olhos, da pequena sacada do meu apartamento, acompanho diariamente a história daqueles que apelidei carinhosamente de "meus vizinhos".

1. Cortinas escuras, quase vermelhas. As paredes em tons de verde-claro são cheias de quadros e fotos antigas. Todas as manhãs, às 9h30, ele rega com um copo de água as três plantinhas alinhadas no parapeito.

2. Não há rotina. Luzes acesas até de madrugada, som alto que faz o vento ecoar. Talvez more ali um casal, talvez um grupo de três amigos.

3. A geladeira branca é coberta de ímãs coloridos. Ele mora sozinho, mas passa horas abrindo e fechando os armários da cozinha para preparar o jantar. Quase sempre veste listras.

4. Uma tábua de passar roupas serve de mesa, estante e suporte para a televisão. Misteriosamente não há humanos, mas o pote de ração da gatinha preta costuma estar cheio.

5. Eles sentam no sofá assim que o sol se põe e só levantam quando é hora de ir para a cama. Às vezes ele a carrega nos braços, já adormecida, e volta sozinho para apagar as luzes.

Ela gosta de andar com o computador ligado nas mãos e passa horas olhando para a tela do celular. Todas as noites, senta já de pijama no tapete cinza e conversa com o cachorro, que tem o rabo em forma de pompom.

Imagino que seja isso o que os "meus vizinhos" veem do lado de lá.

✷ OBSERVE

Conte em detalhes o que dá pra ver da sua janela.

....
....
....
....
....

Proporção

Já parou para pensar na imensidão do mundo?! São 7 bilhões de habitantes espalhados por 193 países, falando 6.912 idiomas diferentes. Fatos que nos fazem ter algumas certezas: jamais conheceremos tudo e todos. Haverá sempre alguém ou algo esperando por nós. Somos beeem pequenininhos diante disso. Muito mesmo.

Nossos problemas, dilemas, alegrias, angústias, nossas conquistas... Assim, de pertinho, são importantes demais, relevantes demais. Mas só então, quando afastamos a lupa aos poucos, percebemos o quanto eles são só nossos. Uma dica? Ao avaliar dessa forma, fica fácil respirar fundo e seguir adiante, seja lá para onde for.

A verdade é que somos nós mesmos que estipulamos a dimensão do que nos faz bem e do que nos faz mal. Uma linda manhã de sol, um novo emprego, um beijo, um presente, a aprovação no vestibular, acordar todos os dias...

É claro que, vez ou outra, aparece alguém com poder suficiente para ser lembrado nos quatro cantos. Por bem ou por mal. Mas, enquanto pudermos guardar histórias dentro de um espaço em que só é possível enxergar através de uma lente de aumento, é bom agradecer. E viver.

✳ ZOOM

O que só dá pra enxergar na sua história com uma lente de aumento?

....
....
....
....
....

Na palma da mão

Nunca tive muitos amigos. Mas tive bons amigos. Alguns viraram só lembranças, outros são figuras que aparecem anualmente no Facebook para me desejar parabéns ou lembrar que o ano acabou. Poucos deles ficaram. Sou do tipo de gente que faz colegas na velocidade dos carros de Fórmula 1, mas que não se entrega. Custo a confiar, a ceder, a participar, mas, quando acontece, é uma mágica que não tem explicação.

É como se aquela relação me levasse aonde eu não seria capaz de chegar sozinha. É mais que um namoro: é uma parceria. É contar os segredos esperando conselhos que ajudem a resolver qualquer coisa. Ainda que não resolvam de fato.

Com o tempo, entendi que as amizades nos transformam. Deixar outro ser acrescentar gostos, experiências e histórias às nossas vidas nos aproxima daquilo que realmente queremos ser. Estar junto nos torna fortes o suficiente para arriscar.

Eu não acredito em amizades que duram para sempre. Pelo menos não acho que todas devam funcionar assim para serem consideradas verdadeiras. Mas gosto de pensar nos meus amigos como provas da sorte que tive na vida. Patrícia, Priscila, Bruno, Monique, Fernanda, Gabriel, Mari, Bruna, Fabi, Gaby... Sou uma garota de muita sorte!

✸ QUE TAL?

Convide um amigo para escrever aqui sobre você.
Quer apostar que o resultado vai deixar seu coração mais quentinho?

....
....
....
....
....
....

Em par

Observar alguém diante da vitrine de uma loja de sapatos é uma verdadeira experiência comportamental. O tempo que demora para decidir o que provar, como analisa os modelos disponíveis, o tipo de material que prefere comprar...

Aí, se quiser uma análise ainda mais profunda, basta bater os olhos nas fileiras de poltronas posicionadas e ver quem está calçando antes de pegar a fila do caixa:

O exigente: tem sempre mil pares bem à sua frente.

O desapegado: nunca está nessas poltronas.

O consumista: jamais checa a sola. O preço simplesmente não importa.

O fashionista: escolhe o que mais ninguém na loja está provando.

O indeciso: vitrine, poltrona. Vitrine, poltrona. Vitrine, poltrona.

O inteligente: sabe mais do que qualquer vendedor.

O prático: já escolheu.

O azarado: nunca encontra o tamanho que procura.

✷ QUER EXPERIMENTAR?

Se você tivesse que escolher apenas um destes modelos de sapato para usar pelo resto da vida, qual seria?

Sou eu

Até parece que tudo aquilo foi um grande roubo à sua história. Como é possível que alguém em outra parte do planeta saiba tão perfeitamente tudo o que você passou (e passa)? É assim, desse jeito estranho, que nos identificamos com um filme, ou música, ou livro.

Em questão de horas, o acúmulo de ideias cai no seu colo como mágica e passa a fazer total sentido. É quase certeza: tal conteúdo só pode ter sido criado pensando em você!

Não se conforma, mas adora com a mesma intensidade de que sente calafrios. **A CADA NOVA PALAVRA, É COMO SE UMA PARTE SUA FOSSE EXPOSTA AO MUNDO.**

Você conta para os amigos, tenta passar a dica adiante e se pergunta se mais alguém se sente assim. Só então se dá conta de que suas memórias não são tão suas, seus medos não são tão seus, suas dores não são tão suas, sua vida é só mais uma vida.

✶ BIOGRAFIA

Faça um lista de todos os livros, músicas e filmes que, de alguma forma, contam um pouquinho da sua história.

....
....
....
....
....
....
....
....
....

Promessa

"Trago a pessoa amada em sete dias." "Deixo o amor aos seus pés." "Tenha o relacionamento de volta." Se funciona ou não, jamais saberei, mas que, por várias vezes na vida, já me imaginei discando os números que vêm logo depois dessas promessas eu não vou negar.

Acontece que, ao mesmo tempo em que a tentação de resolver um problema sentimental de forma tão rápida envolve meus pensamentos, imaginar que não seria através dos olhares, conversas e sentimentos mútuos também. E se a outra pessoa descobrisse?! E se o efeito durasse só por um tempinho?

A conquista envolve muito mais do que simplesmente estar junto. Aqueles segundos em que um nariz encontra o outro, as respirações se tornam uma só e o beijo finalmente acontece... Nada seria tão especial se estivesse premeditado. Em casos de reconquista, então, melhor mesmo nem arriscar. Se é pra voltar, que seja porque a vontade foi mais forte do que qualquer amarração jamais seria.

O amor construído é o verdadeiro milagre que alguém pode fazer.

✸ PENSE BEM

Qual foi o maior milagre que já rolou na sua vida?

....
....
....
....
....
....

Livro

Escrever é existir fora do lugar em que as ideias já não conseguem ficar em silêncio. É ser o alguém que vai falar pelo outro. É não temer.

Escrever é mais do que formar palavras ou sentenciar frases: é deixar os pensamentos ganharem forma e as convicções fazerem sentido.

Escrever é dar vida ao anonimato, é ser reconhecido sem precisar da fama e ganhar prestígio por ter boas ideias. Escrever é esperar que o outro leia.

Ler é fazer o tempo parar enquanto o relógio continua andando. É esquecer o resto e focar naquilo que os olhos conseguem ver.

Ler é ansiar pelo novo, é querer descobrir o que ainda não se sabe e explorar sem precisar se mexer.

Ler é ter amigos que não são reais, é gostar de imaginar lugares e ter certeza de que eles estão em algum canto do mundo, ainda que escondam bruxos ou dragões. Ler é desejar que o outro escreva.

✳ SUA VEZ

Espaço reservado para o primeiro parágrafo do seu livro.
Comece a escrever! :)

....
....
....
....
....
....
....

Só eu

Eu gosto de ficar sozinha. Conversar com os meus pensamentos, rir sem abrir a boca, decidir sem pedir opinião. Admiro pessoas que se bastam e me esforço para fazer parte desse time. Ir ao cinema desacompanhada? Sim! Ocupar apenas uma cadeira à mesa do restaurante? Sim! Pedir uma sobremesa sem ter alguém para dividir? Sim! Sim! E sim!

Se foi fácil chegar até aqui? É claro que não. Precisei viver, reviver e apreender até descobrir que **para seguir adiante eu precisava caminhar comigo mesma.** Levei muitos tapas da vida por acreditar que quatro mãos faziam melhor que duas, e só então aceitei que ninguém consegue enxergar os balões de pensamentos que vagam por cima da cabeça das pessoas. Nem sempre o que se ouve é a verdade sobre o que se sente.

Não acredito em muito do que falam por aí a respeito de relacionamentos, mas preciso concordar com quem prega o conceito de que se amar é o primeiro passo para ser amado. Saber o que você tem de especial vai despertar a vontade de descobrir do outro. **Só existindo solitariamente nós estaremos prontos para viver juntos.**

A insegurança anda lado a lado com os que dependem de alguém para estar completos. **Fundamental não é precisar ter alguém, mas querer isso.**

✴ AJUDA DE AMIGA

Escaneie o QR Code ao lado e veja uma lista de filmes que eu amo assistir quando estou sozinha. Quem sabe eles não viram seus favoritos também?

Tente entender

O vazio é algo fácil de ser preenchido. No copo, coloca-se água. No prato, comida. Na cabeça, ideias. **Mas e quando ele insiste em existir dentro do peito?**

Respire fundo, feche os olhos e tente esquecer. Do amor que acabou quando um ainda não estava pronto para dizer adeus. Da saudade de cada risada compartilhada em momentos que só duas memórias podem lembrar. Das palavras ditas em silêncio.

Rasgue as fotos, apague os e-mails, engane toda e qualquer possibilidade de deixar os caminhos se cruzarem novamente. Na rua, as esquinas viram esconderijos; no celular, qualquer motivo vira mensagem. Só pra checar, só pra constar, só pra não se deixar esquecer.

Quando acaba, nem sempre é o fim. Mas se termina é porque não dava mais pra existir.

Nesses casos, não há remédio que cure espaço sem pedaço.

✱ AUTOANÁLISE

Se cada um destes pedaços significasse algo que ainda falta dentro de você, o que seria?

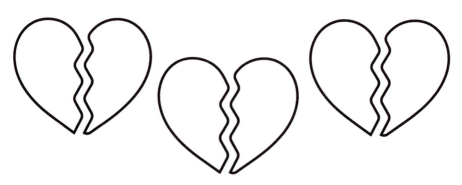

QUANDO ACABA, NEM SEMPRE É O FIM

Previsão do tempo

Dizem que a vida é curta demais. Curta em relação a quê? Para a avó de 90 anos da minha amiga, que não consegue lembrar se já fez sua refeição, ela foi longa demais. Longe demais. Talvez se nos compararmos à grandeza do universo, de todos que já existiram antes e existirão depois, aí sim nos sentiremos pequenos, passageiros.

Fico pensando na primeira pessoa que falou esta frase: "A vida é curta demais". Quem foi que jogou no mundo essa ideia, que hoje é dada como verdade absoluta? Eu gostaria de sentar em uma mesa de bar com esse sujeito (não sei por quê, mas imagino ter sido um homem) de gastar algumas preciosas horas dessa brevidade que é a vida falando sobre... qualquer coisa. Acho que ele ficaria bem irritado.

como você imagina?

A ilusão de que estamos no controle do tempo nos faz ter certeza de que ele não é suficiente. A verdade é que podemos decidir o que fazer com as horas de cada dia, mas a imprevisibilidade de quando tudo terá fim é um tapa na nossa cara, como quem diz: "Aqui quem manda sou eu".

Mas OK, vamos vivendo, nos arriscando estrategicamente, com uma intensidade cautelosa, evitando o inevitável. Até que chega um furacão e muda tudo de lugar.

Estar preparada para os imprevistos da vida é como ter o poder de controlar o clima. É impedir que a chuva, tão certa quanto o sol, vire uma tempestade de ansiedade e angústia que inunda os pensamentos.

Shhhh, tá ouvindo a água caindo tranquila lá fora? É você no controle de tudo. Se é que isso é possível!

✷ TIC TAC

Se você pudesse parar o tempo em um momento da sua vida e vivê-lo para sempre, qual seria?

....
....
....
....

Eu aprendi

Tenho um amigo que acha que qualquer pessoa pode aprender qualquer coisa sozinha. Não é questão de mágica: para ele, basta se dedicar à leitura de um livro ou ver um vídeo na internet e sair por aí acrescentando mais uma habilidade ao currículo da vida.

Nunca concordei. Se fosse assim, pra que existiriam tantas escolas de inglês e professores especializados em basicamente tudo?! Intrigada com esse possível poder autodidata que supostamente moraria em mim, resolvi tentar.

Aprendi a dizer algumas palavras em francês, descobri que dá pra transformar uma camisa social em vestido, consegui instalar minha impressora nova e, quando estava quase me convencendo de que realmente podia tudo, veio o grande tombo: não aprendi nada sobre tocar violão. Sério mesmo, eu juro que tentei. Mas as pontinhas dos meus dedos ficaram doloridas e absolutamente nenhuma nota musical saiu por completo.

Dei play num tutorial de make e reproduzi tudo exatamente igual pra ver se me sentia melhor. Foi aí que as coisas fizeram sentido: **COPIAR É FÁCIL; APRENDER DE VERDADE É QUE É O GRANDE DESAFIO.**

✳ PENSA AÍ

Qual foi a última coisa legal que você aprendeu? Quem ensinou?

....
....
....
....
....

Sem opção

Quando eu era criança, bem pequena mesmo, tenho a impressão de ter sido contaminada pelo vírus da indecisão. Tudo aconteceu bem rápido, ao mesmo tempo em que eu aprendia a falar minhas primeiras palavras. Era só alguém perguntar qual papinha eu queria comer, qual roupinha estava com vontade de usar ou ainda se eu preferia a Xuxa ou a Angélica. "Não sei!"

Na verdade eu até sabia, mas gostava de parar pra analisar a situação com calma. Poxa, muitos pontos devem ser levados em consideração no momento de dizer a resposta certa.

Aí eu fui crescendo e o mesmo aconteceu na hora de escolher com qual cor pintar a parede do meu quarto e qual sapato de festa comprar. Quantas vezes, horas depois de ficar olhando para cada opção, me resolvi por uma que, no dia seguinte, acabou virando outra?

Agora mesmo, neste exato momento, me pergunto qual é a melhor opção de final para este texto. Uma frase de impacto ou uma mensagem para fazer refletir? Ou talvez uma boa conclusão? Ai, que indecisão!

✱ VOCÊ DECIDE

Me ajuda? Que tal escrever um bom final para este texto? Agora a autora é você!

Um cheiro

Da comida deliciosa que a avó fazia nos dias em que esperar pelo presente era só uma desculpa.

Do ~~seu~~ abraço que parecia resolver qualquer problema.

Da viagem que mudou tudo e transformou o mundo no melhor lugar para estar.

Do perfume que fez sentido durante muitos anos até enjoar e ser fraco demais, doce demais, velho demais.

Do lençol recém-lavado que a gente só encontra na casa da mãe.

Da rua em que tudo começou.

Da pele que demorou tanto para estar tão perto.

Das páginas de um livro antigo que já foi lido mais de dez vezes e teve um sentido diferente em cada uma delas.

Da flor mais colorida.

Dele.

Dela.

Nada, nada é mais marcante que o cheiro. Anos depois, ele será capaz de trazer à mente memórias que estavam guardadas a sete chaves no coração.

✳ GUARDE ESTE MOMENTO PARA SEMPRE

Espirre nesta página uma gotinha daquele perfume que tem marcado a sua vida ultimamente.

Nossas lutas

Silenciosamente, ele chega. Rouba pensamentos e se aloja bem lá no fundo, onde fica difícil olhar com os olhos e tirar com as mãos. É poderoso. Sempre sabe a que veio e permanece imóvel até que uma força maior apareça e seja capaz de movê-lo. Não tem forma, cor ou cheiro, mas tem tamanho.

Pode ser grandioso como num filme em que o ator principal ganha um cachê de milhões de dólares, mediano como o boletim de um garoto que não gosta muito de estudar ou pequeno como um pingo de chuva que demora quatro segundos para desabar da janela até o chão. Há quem tente evitá-lo, sem lembrar que, ainda que não pareça, ele pode trazer a coragem que faltava entre uma luta e outra.

Amarra o passado, é capaz de dar nó no presente, impossibilita o futuro. Quem sente jamais esquece, quem supera ganha força suficiente para seguir adiante. É verdade que qualquer um está sujeito a esbarrar nele pelo meio do caminho, mas só quem é fraco se entrega.

UMA VITÓRIA É UMA VITÓRIA, MAS O SABOR É MAIS ESPECIAL QUANDO VENCEMOS O MEDO.

✳ VAMOS LÁ

Imagine que o medo fosse uma pessoa. Descreva como ela seria.

....
....
....
....
....
....

A matemática da coisa

Os sentimentos mudam. Se renovam, se transformam, se reinventam. A paixão vira amor; a amizade, irmandade. A raiva vira só lembrança. O acordar de hoje nos faz diferentes do despertar de ontem, e aquilo que existia nem sempre existe mais. Bom para as dores, complicado para os amores.

Onde foi parar a paixão? Não somos mais como antes? Será que ISSO será suficiente?

Com os meses de namoro vão-se os beijos demorados. Vão-se as noites acordados. Vão-se as ilusões. A convivência é a maior armadilha para os que gostam de impressionar. Mas é também a certeza de quem somos, do que o outro é e do que quer dizer estar junto.

Dividir o mesmo teto e cruzar olhares todos os dias parece uma ideia sedutora para os apaixonados, mas requer vontade e dedicação que só o tempo é capaz de trazer.

Quem sabe dividir consegue somar. Quem consegue somar aprende a fazer de dois um só.

✴ FUTURO

Para você, no que os sentimentos abaixo se transformam com o passar dos anos?

AMOR: ....
AMIZADE: ....
RAIVA: ....
MEDO: ....
CIÚME: ....

Obrigada!

Basta fechar os olhos. As imagens vão surgindo em minha mente como se fizessem parte de um filme a que acabei de assistir.

Vejo meu irmão segurando a outra pontinha do cobertor para que eu pudesse chamá-lo caso tivesse medo do escuro. Vejo o porta-malas do carro verde lotado de crianças felizes indo ao encontro do mar. Vejo um vestido lilás de estampa floral que parecia pertencer a uma verdadeira princesa.

As lembranças passam rapidamente, fazendo minhas pernas crescerem, as roupas mudarem de número e o cabelo parecer maior.

Estou deitada na cadeira do dentista escolhendo a cor do elástico para o aparelho fixo. Estou no telefone, sentada sobre a colcha cor-de-rosa, enquanto admiro minha coleção de adesivos coloridos. Estou olhando para ele na sala de aula e me esquecendo de prestar atenção na equação de segundo grau que o giz desenhou na lousa.

Mais algumas transformações correm através de mim. Os sapatos agora têm salto, as unhas ganham cor e a carteira recebe um novo morador: o cartão de crédito.

Já tenho autonomia para ir e vir sozinha a bordo da minha primeira compra parcelada em mais de vinte vezes. Ganho salário e responsabilidades que fazem meu estômago doer de verdade. Recebo beijos, abraços e declarações de que será para sempre.

Na minha foto mais recente, o cenário é a casa em que moro sozinha. Já há marcas de expressão no meu rosto, e os olhos precisam de óculos com mais frequência para enxergar com clareza.

Tenho muito do que sempre quis. Tenho meu canto, tenho meu trabalho, tenho meu amor. E agora tenho também este livro!

✳ PARA VOCÊ

Abra este livro bem no começo e releia todas as respostas que anotou. Agora você vai saber mais sobre si mesma, assim como descobriu mais sobre mim. **Com amor, Karol.**